——新课程背景下教师必备基本功

教师**有效沟通**
的艺术

JIAOSHI
YOUXIAOGOUTONG
DEYISHU

李雪 刘程程◎编著

吉林文史出版社

图书在版编目（CIP）数据

教师有效沟通的艺术 / 李雪,刘程程编著 . ——长春：
吉林文史出版社，2012. 11（2021.6重印）
（新课程背景下教师必备基本功系列）
ISBN 978 - 7 - 5472 - 1286 - 8

Ⅰ. ①教… Ⅱ. ①李… ②刘… Ⅲ. ①中学教师 – 语
言艺术②小学教师 – 语言艺术 Ⅳ. ①G635.1

中国版本图书馆 CIP 数据核字（2012）第 263579 号

新课程背景下教师必备基本功系列

教师有效沟通的艺术

JIAOSHI YOUXIAOGOUTONG DE YISHU

编著/李雪　刘程程
责任编辑/ 高冰若
封面设计/小徐书装
出版发行/吉林文史出版社
地址/长春市福祉大路5788号
邮编/130118
网址/www. jlws. com. cn
印刷/三河市燕春印务有限公司
开本/710mm×1000mm　1/16
印张/14　字数/150 千字
版次/2013 年1 月第1 版　2021年6 月第3 次印刷
书号/ISBN 978 - 7 - 5472 - 1286 - 8
定价/39.80 元

前 言

《教师有效沟通的艺术》阐述了教师沟通艺术的基本理论，探讨了教师在不同情境和场合下沟通的策略，在丰富和发展了教师沟通理论的同时，为教师处理实践问题提供了理论依据与指导原则。本书结合中小学教育教学，引用了大量案例，能够帮助教师更好地理解并掌握沟通的策略和技巧。

本书主要体现以下特点：

1. 理论与实践相结合，内容丰富翔实。

在编写过程中，编者查阅了大量最新的教师沟通艺术方面的资料，从中小学教师继续教育的角度出发，力图体现理论脉络的严谨与清晰，同时不失对实践的指导与分析。同时，本书引用了大量的教学案例，以期更好地分析理论，帮助教师理解相关内容。

2. 多种形式呈现教学内容，使本书成为教师专业成长的工具。

本书在编写设计上力求以多种形式呈现教学内容，方便教师使用，使本书更好地成为教师专业成长的有效工具。在每一章中都设置了"目标导航"，列出了本章的学习内容和要求，使教师在使用时有所侧重。每一章都根据小节内容设置了"情景再现"，用案例引发读者思考，带着问题进入情境，每一章学习之后再用所学知识分析案例，撰写案例分析报告，达到学以致用。每一章的理论学习中还有开拓学习的资料"知识百科"，拓展了读者的学习内容，丰富了理论知识。课后的思考题更是达到了理论与实践的有效结合，引导教师用所学理论分析教学实践中常见的沟通问题。

全书共计六章，由李雪、刘程程共同编写，其中，第一、二、三章由刘程程编写，第四、五、六章由李雪编写，最后由李雪负责统稿。本书在编写过程中得到了长春师范学院教科院领导的大力支持与帮助，在此就他们对本教材所做的贡献深表谢意。同时，在编写过程中参考和借鉴了许多国内外专家、学者的研究成果和部分中小学教师的优秀教学案例，在此，对各位专家、学者和中小学教师表示深深的谢意！

本书承载着我们对新课程理念下中小学教师基本功教育的真挚情谊和执着追求。编写虽做努力，但由于时间和水平限制，难免还会有不足和疏漏之处，真诚希望读者在使用过程中不吝赐教，以期更趋完善。

李　雪

2012 年 9 月 26 日

目 录
contents

第一章　师生沟通的基本理论

人际沟通犹如呼吸，它是生命的必需。没有沟通人与人就没有相识，没有沟通人与人就没有理解，没有沟通人与人就没有信任。特别是对于教师和学生，沟通尤为重要。教师们有时不得不承认一个事实：有时学生爱戴你、尊重你，在很大程度上不在于你讲的话有多么深刻的道理，也不在于你有多么深厚的专业功底，而取决于你与学生间的沟通是否顺畅。教师通过对师生沟通理论的学习，会更明确地知道，在教育实践过程当中"该说什么，什么时候说，对谁说，怎么说"。

　　一个人必须知道该说什么，一个人必须知道什么时候说，一个人必须知道对谁说，一个人必须知道怎么说。

——现代管理之父德鲁克

 **目标导航**

了解：师生沟通的相关概念。

熟悉：沟通的构成要素；师生沟通的意义；师生沟通的相关理论。

掌握：师生沟通的特点；师生沟通模型；信息转换模型；师生沟通的一般规律。

 **情景再现**

案例1-1　沟通的哲理故事[1]

有一个秀才去买柴，他对卖柴的人说"荷薪者过来"，卖柴的人听不懂"荷薪

---

[1]　沟通的哲理故事[EB/OL].http://www.sinogreenmaterial.com/cn/rlzy_dx_db_nei.asp?id=716，2012.7.12.

者"（担柴的人）三个字，但是听得懂"过来"两个字，于是把柴担到秀才面前。

秀才问他"其价如何"，卖柴的人听不太懂这句话，但是听得懂"价"这个字，于是就告诉秀才价钱。秀才接着说"外实而内虚，烟多而焰少，请损之"，意思是"你的木材外表是干的，里头却是湿的，燃烧起来，会浓烟多而火焰小，请减些价钱吧"。卖柴的人因为听不懂秀才的话，于是担着柴就走了。

案例1-2　做一名好的引导者[1]

昨天上语文课，内容是讲解短文。短文没有标题，讲述的是花儿、鸟儿、黄瓜、玉米、蝴蝶等愿意开几朵就开几朵，愿意飞哪儿就哪儿，愿意长几根就几根，愿意长多高就多高。其中有道题是作者这样写表达了自己怎么样的心情。

我叫小A来回答，小A说是作者表达了自己悠闲、惬意的心情，而通过文章知道这是表达作者自己对自由、快乐、悠闲生活的一种向往。看到这，我马上对她进行引导：文章讲各种事物愿意怎么样就怎么样，就是表达作者的什么心情？小A茫然。我又拿出实际例子，比如当我很羡慕别人想干什么就干什么时，我是一种什么心情？小A还是不解。这时我意识到可能是我的引导不对，我的话她听不懂。于是我又重新引导小A：文章讲各种事物愿意怎么样就怎么样，这时作者有没有过上这样的生活？小A说"没有"。那他是不是很想过这样的生活？小A说"是"。那这是对这种生活的一种……还没等我把这句话说完，小A就接上说"向往"。能脱口而出说出这个词，说明小A是真正理解了。

第一节　师生沟通概述

苏霍姆林斯基在他的《教育的艺术》一书中这样说："课堂上一切困惑和失败的根源，在绝大多数场合下，都在于教师忘记了——上课这是学生和教师的共同

---

[1]　王岩.学生为什么听不懂老师的话[EB/OL].http://club.2011.teacher.com.cn/topic.aspx?topicid=644304，2012.7.12.

劳动。这种劳动的成功，首先是由师生间的相互关系来决定的。"而良好的师生关系源于有效的师生沟通，即老师和学生之间的人际沟通。如果师生之间缺乏沟通或沟通不畅，矛盾、冲突就会产生，甚至被激化。可以说，师生之间的沟通状况直接影响着教育的效果。

一、师生沟通的相关概念

沟通，即 communicate，最早来源于拉丁语，意指"一个以上人所平等共有的"。目前，几乎完全是"通过讲、写或手势来给予、收受或交流思想、知识和感情及内心和精神的内容"。

（一）沟通

沟通也称为信息交流，是指发讯者把信息（也包括发讯者的思想、知识、观念、意图、想法等在内）按照可以理解的方式传递给收讯者，达到相互了解和协调一致的效果，以确保组织目标的实现。对沟通的定义，学者们各抒己见。概括地说，有以下几种类型：

1. 共享说

从沟通的内容看，强调沟通是传者与受者对信息的分享，是人类思想感情的共同分享、共同体验。如美国著名传播学家施拉姆认为："我们在沟通的时候，是努力想同谁确立'共同'的东西，即我们努力想'共享'信息、思想或态度。"史克鍌（WilburSchramm）认为："沟通即是借着分享信息、事实或态度，试图与他人或团体建立共同了解与看法。"[1]；霍本（Hoben）认为："沟通是以语言交换思想或观念。"伴随着这种交换行为，一个人原有的思想或观念也就变成与他人共同拥有的思想或观念；戈德（Gede）认为："沟通是变独有为共有的过程。"[2]

2. 传递说

从沟通的行为看，强调信息的传递行为或过程。贝雷尔森（Berelson）指出：

---

[1]　张丽萍."走向人本"的师生沟通[D].华东师范大学，2001.

[2]　任强.高中师生沟通问题研究[D].苏州大学，2010.

"所谓沟通，就是以符号——词语、图片、数字、图表等，传递信息、思想、感情、技术等。"而 S.A. 西奥多森和 A.G 西奥多森则认为："沟通是个人或团体主要通过符号向其他个人或团体传递信息、观念、态度或感情。"这样，沟通被解释为"传递说"；艾默利（EdwinEmery）指出："沟通乃是传递个人之消息、观念及态度到他人的一种艺术。"[1]

3. 影响（劝服）说

强调沟通是传者欲对受者（通过劝服）施加影响的行为。如美国学者露西和彼得森认为："沟通这一概念，包含人与人之间相互影响的全部过程。"

4. 符号（信息）说

强调沟通是符号（或信息）的流动。如美国学者贝雷尔森认为："所谓沟通，即通过大众传播和人际沟通的主要形式所进行的符号的传递。"巴纳德认为："沟通乃个人与个人之间传递有意义符号的历程。"[2]

综合国内外研究成果，一般意义上的沟通被定义为：用任何方法或形式，在两个或两个以上的主体间传递、交换或分享信息的过程。沟通按具体结构划分，可分为非正式沟通网络与正式沟通网络两种。正式沟通网络有链式、轮式、全通道式、Y 式等形式，非正式沟通网络主要有集束式、流言式、偶然式等典型形式；按信息流动方向分，可分为上行沟通、平行沟通和下行沟通三种；按沟通方式划分，分为语言沟通和非语言沟通。语言沟通是包括口头语言沟通和书面语言沟通，非语言沟通包括声音语气（比如音乐）、肢体动作（比如手势、舞蹈、武术、体育运动等）。如果传递、交换、分享成功，则沟通成功，该沟通是有效沟通。若是传递、交换、分享失败，则沟通失败，该沟通是无效沟通。研究发现，最有效的沟通是语言沟通和非语言沟通的结合。

[1] 刘美丽.中学师生沟通有效途径探索[D], 2010.
[2] 刘美丽.中学师生沟通有效途径探索[D], 2010.

（二）与沟通相近的几个概念

1. 交流

交流是彼此把自己有的供给对方的意思。从社会科学的角度解释，交流是指在社会活动中人与人之间的相互作用和联系的基本方式。从信息论的角度讲，交流就是指信息的传递、加工和接受的过程。[1] 从上面的概念解释可以看出，交流和沟通都涉及到了信息的双向传递，而沟通特别注重信息传递产生的效果。

2. 交往

交往是人类社会活动中的客观现象，是人们在生产、生活实践中发生直接联系的过程和行为，是个人与个人、个人与团体或团体与团体之间的交互作用、交互影响的方式和过程。交往与沟通之间的相关性比较强，交往是以沟通和理解为目的的行为，交往是沟通和理解发生的前提。有沟通一定意味着有直接的或间接的交往发生。

3. 互动

互动就是人与人之间、人与物（环境）相互作用或相互影响。实际上是一种互为对象的交往，师生之间的行为互动，其外部表现为师生之间的交往。

4. 传播

传播从最普遍的意义上讲是一个信源系统，通过某种方式可以将特殊符号影响到另一系统的符号，这些符号能够通过连接它们的信道得到传播。简单说，传播就是单向性的传递信息，而沟通是双向性的传递信息的过程。

（三）人际沟通

由于沟通过程中对象的不同，沟通有机－机沟通、人－机沟通和人－人沟通三种类型，这三种类型客观上都是沟通双方发送和接收信息的过程，只是由于沟通参与者的类型不同而会出现不同的特点。

在这三种类型中，我们把人－人沟通，也就是人际沟通称为管理沟通。由于沟通的双方都是人，因此，与另外两种沟通的类型相比，人际沟通要复杂得多。

---

[1] 杨莲蕾、王钢主．交流[M].上海：上海教育出版社，2004．

通常意义上，人际沟通是指在一段时间内，双方进行的一种互动的、有目的的、有意义的交流过程，除了能够达到信息传递的目的，还能起到心理保健及形成和发展社会心理的功能。

（四）师生沟通

有关沟通的解释，虽然各不相同，但是它们却共同反映了沟通的三个方面，即首先沟通是一种互动，是沟通双方的行为；其次，沟通以"符号"或"讯码"（可以是语言的，如话语和文字，也可以是非语言的，如姿势、眼神等）为媒介；最后沟通的目的在于信息交流与共享。鉴于此，师生沟通可以定义为师生之间通过以符号或讯码为媒介进行的信息、思想和情感的传递和交流，并由此获得理解的社会交互作用。

师生间的沟通是学校生活中一种最基本的教育活动。师生沟通是教师与学生之间进行信息交流、情感交流的交往过程。学校一切教育活动都是要通过师生之间的相互交流、相互作用来实现。所以，师生沟通在学校内部的人际交往中居核心地位，起主导作用。良好的师生交往，可以促进师生健康心理的发展。反之，会给教育活动和师生情感交流带来不利的影响。因此，搞好师生沟通是现代教育中不可忽视的一个问题。教师在与学生沟通中，不断提高自身的心理素质，用健康的心理去影响学生，用良好的师德去塑造心灵。学生在教师的引导下，学会尊重、学会理解、学会宽容，产生积极的道德认识，养成良好的行为习惯。

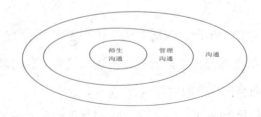

图1-1-1　沟通、管理沟通和师生沟通之间的关系[1]

---

[1] 谢卫娟.渤海石油职业学院师生沟通策略研究[D].河北工业大学，2008.

二、沟通的构成要素

一个完整的沟通过程离不开沟通主体、沟通客体、沟通信息、沟通渠道和媒介等基本沟通要素。[1] 由于沟通双方在生理、心理（包括情感、思想、观点和态度等）、社会背景、价值观、思维方式等方面的差异，为实现成功的管理沟通，必须深入、细致、有针对性地分析沟通的主体和客体，然后才能选择沟通的信息内容和安排、沟通的渠道和方式。根据沟通的要素分析，管理者要实现有效的沟通，应该从管理沟通的七要素——听众、信息源、信息、目标、环境、媒介和反馈等入手，系统全面地考虑人际沟通的策略。

（一）目标

目标是指要分析整个沟通过程所要解决的最终问题。由于目标有导向作用，因此明确、具体的目标会让沟通双方产生动力，克服困难，使沟通更加顺畅。

（二）信息源

信息源是指发出信息的人，也称为信息来源，即分析是谁发起这个沟通的行为。信息发出者的想法必须通过一定的形式才能进行传递，这种形式就是对信息进行编码。所谓编码就是信息发出者将要传递的信息符号化，即将信息转换成语言、文字、符号、表情或动作。编码前，信息发出者先对自己的想法进行解释（即充分理解），并在此基础上找到恰当的表达方式。口头语言和书面语言是最常用的编码形式，除此之外还可以借助表情、动作等进行编码。

（三）信息接收者

信息接收者即听众。从沟通渠道传递的信息，需要经过信息接受者接收并接受后，才能达成共同的理解并形成有效的沟通。信息接受过程包括接收、解码和理解三个步骤。首先，信息接受者必须处于接收状态；其次是将收到

图1-1-2

[1] 魏江、严进等.管理沟通：成功管理的基石[M].北京：机械工业出版社，2006.

的信息符号解码，即将符号信息还原为意义信息，编程可以理解的内容，最后根据个人的思维方式理解信息内容。只有当信息接受者对信息的理解与信息发出者发出的信息含义相同或近似时，才能形成有效沟通。所谓听而不闻、闻而不解都会造成沟通的失败。

（四）环境

环境即信息背景（informationbackground），即引发沟通的"理由"，如需要讨论的事物、互动发生的场所环境。信息背景反映在沟通者的头脑中，刺激沟通者产生沟通的愿望和需要，这种愿望和需要可能是清晰的，也可能是模糊的。客观存在的刺激是产生沟通的前提和依据。Hein认为，一个信息的产生，常受信息发出者过去的经验、对目前环境的领会以及对未来的预期等影响，这些都称为信息的背景因素。因此，要了解一个信息所代表的意思，不能只接收信息表面的意义，还必须考虑信息的背景因素，注意其中的真实含义。

（五）信息

信息是指沟通时所要传递或处理的信息内容，即信息发出者希望传达的思想、感情、意见、观点等。信息必有一定的内容意义，其内容意义可能有背景因素的色彩及信息发出者的风格，可以说是上述两者的具体化。

信息主要由三个方面组成：一是信息代码，指有组织并能表达一定内容意义的信号。这些信号是按一定规则（如语法规则）组织起来的，如说话时的语言组合，写信中的词组句子等，是信息的显示器，具有完整性、合乎文化、能够表达一定思想的特点；二是信息内容，指信息所代表的意义或要表达的含义。如书信中可以表达情感和具体意义的词句、调色板上能够展示画面的各色油彩等都是信息内容，即信息内容可以是一本书、一篇讲话、一首交响乐或一幅图画；三是信息处理，指对信息代码和内容进行选择和安排的决定。决定一旦做出，就要通过各种途径送出。

（六）媒介

媒介是指信息发出者传递信息的工具或手段，也称为传播途径。如视觉、听觉、触觉等。在科学技术迅速发展的今天，一条沟通渠道通常可以同时传送多种信息，如电视电话会议和其他多媒体技术可以同时传送声音、文字、图像、数字等，极大地方便了复杂信息的传递。在信息传播过程中，如果沟通渠道选择不当，沟通渠道超载或者沟通手段本身出现问题，都有可能导致信息传递中断或失真，如选用书面报警传递火警显然是不合适的。因此说，有效的沟通离不开有效的信息传递途径。

（七）反馈

反馈是指信息接受者返回到信息发出者的信息，即信息接受者对信息发出者做出的反应。这是确定沟通是否有效的重要环节。信息发出之后必然会引起信息接受者的某种变化（反应），包括生理的、心理的、思想的或行为的改变等。不管这种反应或改变多么微小，即使是在表面上看不出来的某些心理反应，它都是客观存的。同时，这些反应或改变又会成为新的信息返回给信息发出者。在人际沟通中，信息发出者和信息接受者之间随时进行着角色互换，从而使人际沟通呈现出连续不断的过程。

只有通过反馈，信息发出者才能最终判断和确认信息传递是否有效，只有当发出的信息与接收的信息相同时，才能形成有效沟通。一般情况下，面对面的沟通反馈较为直接迅速，而通过辅助沟通手段进行的沟通，反馈环节易被削弱。

三、师生沟通的特点

师生沟通是人际沟通的一种，人际沟通是人与人之间的信息交流。人际沟通交流的信息包括观念、思想、情感等多个方面，人际沟通的主体是活生生的人，具有自主的心理活动。作为人际沟通，师生沟通具有如下特点：

（一）沟通双方互为主体

沟通过程中，沟通双方同时都在扮演发信者和收信者的角色，这就要求每个人在沟通过程中，既要考虑自己的需要和动机，也要考虑对方的感受和需求。因此，教师应注意分析学生的动机、目的，预想学生可能发出的信息。学生发出的信息可能使师生交流变得更复杂，需要相应的艺术和技巧。

美国社会心理学家费斯汀格认为人际沟通有两种功能：一是传达信息；二是满足个人心理需要。因此师生沟通中教师向学生传递信息的同时，注意满足学生渴望得到关爱、尊重、认可等心理需要，否则学生的人格不会得到健康的发展。

（二）沟通能调整双方关系

沟通的双方都是积极的主体，都可以借助言语、非言语的符号系统相互影响、制约和调整双方的认识、态度和行为，调整和改变双方关系，当然这种调整和改变，既可以是积极的，也可以是消极的，关键是看沟通过程及双方在沟通中的感受。

师生沟通主要是通过语言和非语言的渠道进行。语言是人际沟通的重要方式，但是语调、重音的正确性、节奏以及语义的分歧也会给沟通造成障碍。非语言的沟通在最近几十年备受研究者的关注。非语言沟通包括：眼神、身体触摸、外表（衣着、头发等）、姿势、面部表情、手和足的动作、头的位置和声调等，多数情况下，非语言沟通是人的感情的情不自禁的流露，对了解学生的真实情况具有重要作用。

（三）沟通受主观经验制约

沟通双方不管是发信者还是受信者，都在不知不觉受到个人主观经验的影响。一般情况下，一方根据自己的经验表达传递信息，一方根据自己的经验接受信息。在师生沟通过程中，教师和学生性格、气质、态度、情绪、见解等的差别，经验水平、知识结构、记忆、思维能力的差距，对信息重视程度的不同，师生之间的不信任，学生对教师的恐惧感等，都会影响沟通的顺利进行。

确实，师生沟通不仅只是知识的传递、信息的交换，还指思想、情感、观念、态度等的交流，更重要的是师生双方可以借助信息在心理和行为上相互影响，它是以改变对方的行为为目的的一个沟通者对另一个沟通者的心理作用。教师应相信自己有能力影响学生，以积极的思想感染学生，用真诚对待学生，做到目光中饱含深情，表情中显露真诚，语言中染上笑意，动作中充满柔情。

（四）沟通中会出现心理障碍

师生之间知识背景、观念、年龄差异等的不同，往往会在沟通中造成学生胆小、自卑、焦虑、恐惧等。缩短师生之间的差异，实现有效沟通，需要教师换位思考，教师应站在学生的角度想学生所想，急学生所急，沟通过程才会顺利进行。

四、有效师生沟通的意义

教育教学活动的开展在师生互动中进行，因此，有效教育的实现从来都是师生有效沟通的结果。

（一）有利于营造良好的学习氛围

每名学生都是组成班集体的要素，他们的思想和活动与班级的运转都有着千丝万缕的联系。而通过师生沟通建立起来的和谐师生关系，必然影响着班集体的学习氛围。

在和谐的师生关系中，老师应该是学生心中的良师益友，是可以同他们平等对话的对象。在现今社会，学习内容更加开放，学生学习的自主性不断增强，学生"先知"于教师的情况越来越普遍。因此，对于教师的指导性意见，学生能充分发表自己的意见和观点，做出是否接受意见的决定。在这种情况下，教师如果能够真正做好师生平等，做到有效沟通，学校便成了师生平等交往、互动的场所，从而使学生明确"理解自己"的角色意图，调动学生对学习秩序形成和制度建设的积极参与，形成学生自我管理机制，进而构建平等民主的学习氛围，营造良好的学习环境。

（二）有利于提高教育效果

师生关系的好坏直接影响教育的效果。所以，能否处理好师生关系就成为教育成败的一个关键。

就教育工作效果来说，很重要的一点就是要看教师和学生的关系如何。

——赞可夫

我们知道，学生的学习动机有交往动机、成就动机和求知欲三种。其中交往动机是指学生获得家长、老师或同学的赞许、认可和亲近而努力学习，也就是通过学习成绩的提高，来满足归属和爱的需要以及尊重的需要。可以说，中小学生喜欢某门功课，常常是因为他喜欢自己的老师，或者希望被老师喜欢。只有师生的关系走得近，学生们才会投入学习，积极表现，并取得良好的学习效果。换句话说，要想使教育有效，必须有良好的师生关系做基础，而要营造这样一种师生关系，沟通交流是少不了的。

另外，学生坚持学习、热爱学习最需要的就是自信心，而教师的热情关怀是他们获得学习自信心的最核心对象。课堂气氛紧张、死板，容易使学生如坐针毡、惶恐不安或情绪低落；师生关系良好，就会使得课堂气氛温馨和谐，学生如沐春风，轻松愉快，思维活跃。

课堂上师生在愉快的心理状态下进行教学活动，会使教师与学生都处于知识领悟的积极状态，教师的讲课水平会很大程度地发挥出来，学生对所授知识的接受也会又快速又牢靠，并且能与以前的相关知识融会贯通。反之，如果教师和学生在教学过程中心理存在压抑情绪，那么这节课肯定会枯燥乏味、生硬呆板，学生在课堂上甚至可能表现出很明显的逆反心理，进而影响教育教学质量。久而久之，这种情绪也会泛化到学业上，影响学生学习的兴趣。学生的学习兴趣一旦丧失，教育效果就很难有保证。

(三) 有利于促进学生全面健康发展

身心健康、人格健全，是现代社会发展对教育提出的要求，也是人的自身发展的要求。在学生的内心深处，他们渴望平等和尊重。

就学校教育来说，要保护每个学生的自尊心，尊重每个学生的独立人格，帮助每个学生充分挖掘潜能、发展个性和实现自身的价值。良好的师生关系为学生的安全需要、爱和归属的需要及尊重的需要提供满足。在这些基本需要得到满足的情况下，学生会形成一些好的性格品质，如自信、自尊、宽容、善良、信任、同情、友爱、尊重他人等。

对于老师而言，要想和学生建立和谐的师生关系，那就必须具有为学生身心健康和全面发展服务的意识。只有走进学生的内心世界，与他们心灵相通，才能达成情感的一致、关系的和谐，创造良好的人文氛围，促进学生的全面健康发展。

名人名言　我们必须变成小孩子，才配做小孩子的先生。

——陶行知

有过教学经历的教师们应该都有过一种感受，就是对于中小学生来说，他们重视与教师的关系甚至超过与父母的关系。因此，师生关系对学生的发展有重大影响。在良好的师生关系中，学生被教师接纳、信任、支持和体谅，他们享受到师爱的温暖，感到自己的价值，相信人世间的真诚与美好，从而对人生充满希望。这种愉快、轻松的环境会培养出学生的各种优良的心理品质，如善良、乐观、积极、进取、合作、耐挫折等。这样，学生健康的个性就逐步发展起来了。

案例1-1-1　毓英园里人文育桃李，悠然教坛寸草沐春晖

——武汉市"十佳班主任"许红明老师[1]

许老师认为，面对不同的受教育者个体，教师要有因材施教的眼力和智慧。尤其是班主任，在帮助学生确立学习目标和人生理想时，更应该有因材施教的"雄才胆略"。许老师觉得人文关怀最终要关怀学生的个人价值实现，而这必须通过平等沟通实现。高二文理分流时，有一位男生吴欣从15班分到许老师班，初到陌生班集体，吴欣很不适应，想转班。得知消息，许老师连夜家访，了解到这个孩子有点心高气傲，家长也有些纵容孩子。许老师诚恳地表示："我一定会带好这个孩子，请家长把孩子放心地交给我吧。"听了许老师的话，家长也打消了顾虑："有这样尽职的老师我们很放心。"

从此以后，许老师对这样一个成绩不错的男生给予了无微不至的关怀。她一方面让孩子感受到自己的呵护与关爱，另一方面也不放松对他的严格要求。然而

_____

[1] 名师风采[EB/OL].http://www.ssyzx.com/msfcContent.jsp?classid=166&id=20110915 1545170017, 2012.5.12.

高三时，吴欣的成绩突然出现严重滑坡。为此许老师密切关注吴欣的言行，他发现这个学生原来迷上了言情武侠小说。许老师逮住一个机会，要求他写份思想汇报。一个星期后，许老师盼来了吴欣同学的思想汇报："老师：一定要考取大学才算成功吗？"许老师很震惊，这个孩子可是老师家长寄予了很高期待的啊。许老师没有马上回答他的问话，而是另外约个时间与他闲聊。闲聊中自然说起了父母的期待，说起了人生的意义，实现自我价值的意义。许老师委婉地提醒他：做人，不要甘于平庸，应该努力追求人生的价值并将它最大化。许老师在他的汇报材料上批复道："人生的意义在于拼搏，如果你能够变得更优秀，就不要让自己平庸！"在家长的积极配合下，吴欣同学很快振作起来，高考吴欣考了 560 分，超过重点线 20 分。他的父母说："许老师真是我孩子的恩人哪！"

案例中的许老师通过这种立足对学生人格尊重和对学生体贴的方式进行沟通，解决了一个又一个问题，让学生不断奋斗、进取，成为一个全面发展的人。

（四）有利于教师自我价值的实现

学校是社会的一个缩影，教师要在这个社会平台上通过对学生进行教学来实现自我价值。然而，学生不是没有思想、不会说话、规格划一的部件，老师不可能按照统一的标准尺度要求学生，那么如何了解不同个体的思想，走进他们的心灵，做到与之和谐沟通，既是对教师的要求与考验，也是展示个人才华、实现个体价值的重要体现。除此之外，师生沟通是教师们把教育理论与观念运用到管理中去的一个过程，不仅可以促进教师能力的提升，还能使他们获得工作上的成就感和幸福感。

另外，当教师的时间长了，就会出现情感、态度和行为表现上的消耗殆尽的状态，主要表现为不能顺利应对工作压力，这就是我们所说的职业倦怠，其存在严重地影响着教师身心健康和学生发展。调查显示，中小学教师是极易产生职业倦怠的职业。不过，"教师的职业幸福感最重要的源泉是学生的成功和他们真情的回报"，也就是说，通过师生之间的沟通，教师能学会体验"过程"的快乐。教师应该同学生一同分享他们身心的成长、学业的进步以及技能的提高，在这一过程中体会学生对教师的感恩，增强教师的成就感、职业的幸福感和职业认同感。

第二节　师生沟通的理论基础

"理论是军官，实践是士兵"，确实，现实的师生沟通需要策略和技巧。然而，没有坚实的理论作基础，任何方式方法都如没有帆的船，无法远航。

一、师生沟通的相关理论

和谐沟通理论、肢体语言理论、小群体沟通理论、团体动力理论、交付责任模式是师生沟通理论中比较有代表性的理论。

（一）和谐沟通理论

和谐沟通理论的代表人物是美国的金纳，他认为："人具有理性的潜能，这一潜能在温暖、接纳、支持的环境中才能发展，对于问题可以通过言语沟通达到合理解决。"[1]

1.师生沟通就是一个编码与译码的过程

人之所以想要沟通是为了表达内心的感受，而诸如疲劳、饥渴、恐惧、忧虑等感受本身是不可能自行传达的。这些感受想要向外传达，就必须将内在的感受或情意译为讯码。一切言语交流都是通过讯码而非感觉本身进行的。我们接收到的信息有时非常明确，任何人都能理解；而有时虽然信息内容与感觉有关，但基于语言习惯，人们在表达的时候往往不是那么直白。例如，通常我们在饿了的时候不直接说"我饿了"，而是说"现在几点了"。如果你真的告诉他几点了，显然你的译码错误。因此，要想达到有效沟通，必须准确译码。

---

[1] 张丽萍.走向"以人为本"的师生沟通[D].华东师范大学，2001.

2. 接纳的情感与理性的信息是和谐沟通的保证

接纳是指教师不仅要接纳学生，而且要接纳自己。师生之间之所以会出现沟通不畅，主要原因是教师面对学生常常夸大事实（由学生身心特点决定），通常的反应方式是训斥、命令、探寻，结果使学生感到自己是不对的、不应该的、不可接受的。金纳认为教师不应该将自己的意见强行灌输给学生，而是应该帮助学生辨认自己的情感，以减少学生的混乱矛盾。另外，社会上通常把教师期望成圣人，金纳认为这种期望是错误的，而且是自欺欺人的。教师不应该压抑自己，无论在行为上还是情感上，应该是自然的、真实的。但前提是：在不伤害学生人格尊严的前提下如何表达愤怒，甚至表达反感。

理性信息就是一些合理满足合理需要的沟通技巧，也就是说，在师生沟通中教师如何合理表达自己合理的需要以及如何合理接受学生合理的需要。金纳主要介绍了两种理性信息：积极聆听与我的信息。金纳认为教师可以通过积极聆听向学生表达教师对他们情感的接受。聆听在师生沟通中具有奇妙的功效。积极聆听可以使师生沟通保持通畅；积极聆听可以使学生感受到教师的爱与关怀。我的信息就是"当今教师生气的事情发生时，教师应指出他愤怒的情景，并说出自己的感受。"使用我的信息的重要原则是"对事不对人"。金纳建议教师在表达自己感受时，使用第一人称的语句，比如："我很生气"、"我很失望"，这样的语句要比用第二人称来表达要好。例如："你不好"、"你不顾别人，只顾自己"、"你太懒惰了"等第一人称的语句告诉学生教师对情景的感受，使用第二人称却有攻击学生的味道。

（二）肢体语言理论

这个理论流派的代表人物是美国的心理学家福得列克·琼斯（Jones，F.H.）。琼斯的基本观点是："纪律就是90%有效肢体语言，课堂常规就是教师90%有效肢体语言运用的结果。"[1]

可以说，琼斯的纪律管理理论就是协助教师学习如何运用肢体语言来建立与

[1] 唐思群、屠荣生.师生沟通的艺术[M].北京:教育科学出版社，2001：165.

实施教室规则。这些肢体语言包含眼神接触、身体姿势、面部表情和手势。有效的肢体语言能传达出教师是在沉着地掌握班级全局，并知道现在正发生的事，而且是当真的。

这一理论模式的基本假设是：学生要行为得当，就需要教师的控制；要达到这样的控制，教师可以通过非语言暗示或走到学生中间去，与学生的距离越近效果越好，这样可以给学生施加更多的压力；强化好的行为可以增加恰当行为的频率；在教学进行的过程中，教师中断教学也是解决问题行为一种好的方式。这一模式强调教师的权力，提出了切实可行的方法，对解决课堂实际问题是有效的，但它忽视了学生的自主性，容易形成教师管理专制。[1]

（三）小群体沟通理论

李威特(H.J.Leavitt)是小群体沟通理论的代表人物，这一理论以五人小群体的沟通型式为研究对象，发现沟通的型式与成员的活动量、满足感、沟通速度以及正确性均有密切关系，并将沟通的型式分为五种，即全通道式、链式、Y式、环式、轮式。

在全通道式的型式中，成员之间的交往比较活跃，虽然没有明显的领导人物，缺乏有力组织，沟通的错误较多，但能满足成员心理上的需要。而链式沟通属控制型结构，信息容易失真，平均满意度有较大差异，可用来表示组织中主管人员与下级部属之间存在若干中间管理者。Y式沟通大致相当于从参谋机构到组织领导再到下级之间的纵向关系。容易导致信息曲解或失真，影响组织成员的士气，阻碍组织提高工作效率。环式沟通的畅通渠道不多，组织成员士气高昂，具有比较一致的满意度。如果在组织中需要创造出一种高昂的士气来实现组织目标，环式沟通是一种行之有效的方式。然而，在轮式中，则有一位明显的领导人物，成员之间的交互作用只限于领导者的沟通，团体之间有良好与稳定的组织，沟通的错误较少，但是无法满足成员心理上的需要。

[1]　Jones, F.H.Postive classroom discipline[M].New Work:McGraw-Hill, 1987：164.

目前我国多数班级师生交往作用比较接近于第四类型的扩充，即教师居于中心位置，分别与每位学生发生交互作用。因此，一般而言，目前学校班级结构与活动过程，倾向于建立良好、稳定的组织，一切以方便教学活动为主要因素，无法满足全体学生的心理需要。此外，教师居于中心位置，虽然能维持秩序，增进效率，但也可能会因此使一些不善于与老师沟通的学生丧失应有的学习机会。

（四）团体动力理论

团体动力理论的代表人物是美国的威连·华顿柏，他认为：团体能创造出自己的心理势力，强烈地影响其成员，这股势力称为"团体动力"。人在团体中所表现的行为可能和个人独处时不一样。班级团体能创造自己的团体动力，强烈地影响同学。学生动机是行为与冲突背后的基本原因，了解学生的动机，教室的控制就成功了一半。华顿柏也指出在团体期待强烈地影响个人行为的同时，个人行为也因而反过来影响团体。无论是班级中的领袖的团体，还是取悦于人的小丑团体，都会以不同方式影响班级中的个人。

华顿柏还提出了教师可选择的四种影响技术：支持自我控制、提供情境的协助、现实评估、诉诸"痛—快原则"。他认为，当老师发现学生处于自我控制的边缘时，是使用支持自我控制的最佳时机，可采取传达信息和超近控制两种方式；当学生的不良纪律行为强烈到自己无法控制的程度，老师必须帮助学生回归常轨，就需要使用提供情境协助的技术。具体做法是：跨越障碍、调整进度、固定进度和没收宠玩；当使用现实评估时，老师要切忌用评语来攻击学生的人格，羞辱或损伤其自我形象和自尊心；当学生失去自制力时，有时要诉诸惩罚。教师施予惩罚是要学生为破坏规则做些补偿，纠正错误的行为等，教师要尽量尝试让学生知道他是真心地喜欢学生，而且想要帮助他们，教师有责任让学生认识惩罚是不良行为的一种自然而且可以理解的结果。事后教师要多听听学生的心声，并让被处罚的学生感受到老师是爱他们的，会全力支持他们最棒的行为的。这就是在前三种技术"失灵"后，华顿柏所说的"痛—快原则"。

（四）交付责任模式

威廉·格雷瑟认为，行为是一种选择，好的行为是由好的选择所造成的，坏的行为是由坏的选择所造成的。学生的责任是做好的选择，而教师的责任是帮助学生们做出好的选择。学生们是理性的，他们能了解哪些行为是学校能接受的，而且他们有能力选择学校能够接受的行为方式；教师要拒绝接受学生对不良行为的借口，经常将学生的注意力导向能够被接受的行为上。威廉·格雷瑟不断强调教师在形成良好环境和学生自我负责时所负的特殊责任，他提醒教师们：

1. 人性化：多关心学生，才能和学生打成一片。

2. 重视现在的行为：过去的就不算了。

3. 进行有用的沟通：人们是彼此互相交流的，而非只单方面地说教。

4. 强调价值判断：让学生对自己的行为判断其价值。

5. 不接受借口：不要允许学生找借口，相反的，要帮助学生重新计划他们的行为。

6. 不处罚：让学生为自己负责，必须自己矫正并且重新计划自己的行为。

7. 决不放弃：投入比学生所希望还要久的时间。

要得到成果可能需要一个月或两个月的时间。可以说，强调"协助"，强调"认知大部分常规的维持是学生的责任"，这是威廉·格雷瑟交互行为责任模式的核心。

二、师生沟通模型

沟通简单地说就是信息传递的过程，它的运行、发生遵循着一定的传播原理。1984年，美国政治学家哈罗德·拉斯韦尔提出了传播学经典的公式——"拉斯韦尔公式"，回答了沟通的五个主要问题：谁、说了什么、通过什么渠道、对谁、取得了什么效果。这一经典公式通过人们的不断改进，概括出了沟通过程的一般模型。

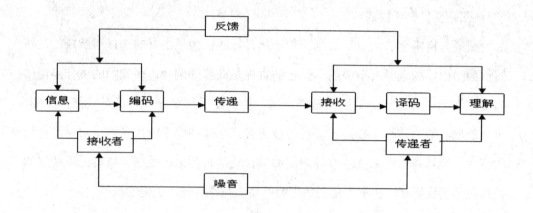

图1-2-1　沟通过程模型 [1]

在沟通过程中，信息在传送者和接受者之间进行传递，一般要经历七个环节。

1. 传送者。也就是信息的发出者，发送者要向接受者传递信息，或者要求接受者提供信息。

2. 编码。即传送者将所要传递的信息翻译成接受者可以理解的一系列符号。

3. 传递。把接受者可以理解的信息符号传递给接受者。如果符号的选择种类不同，那么传递的方式也就不同。传递的方式可以是书面的，也可以是体态语言。

4. 接收。接受者根据信息符号的传递方式，选择相应的接受方式。如果发送者传递的信息符号是口头形式的，接受者就应该仔细地聆听，否则符号就会丢失。

5. 译码。接受者将接收到的信息符号翻译成具有特定意义的信息。由于传送者与接受者能力水平有差异，所传递信息的真正含义常常会被曲解。

6. 理解。接受者理解被翻译过的信息内容。

7. 反馈与噪音。发送者通过反馈来了解所传递的信息内容能否被接受者准确地理解并接受。一般来说，由于沟通过程中存在许许多多的干扰因素，这些干扰因素就是噪音。噪音影响着沟通的效率。因此，发送者了解信息能否被理解或者

[1] 丹尼斯·麦李尔、斯义·温德尔. 大众传媒模式论[M].上海：上海译文出版社，1997：168.

理解的程度怎么样是非常关键的。沟通过程中的反馈，则构成了信息的双向沟通。

三、信息转换模型

在人际沟通过程中，信息需要经过转换才能从意义信息转变为不同形态的符号化信息，通过信息通道再将符号化信息转变为意义信息，使接收者理解，最终完成信息传递。

信息转换的基本操作是编码和译码。所谓编码，就是发送信息者将传送的意义信息符号化，编成一定的语言文字、符号或表情、动作。在编码之前，发送信息者先要将自己的想法进行解释（即充分理解），在此基础上可能找到恰当的表达形式，进行编码。接收信息者在接收信息后，首先要进行译码。所谓译码，就是把符号化的信息还原为意义信息。在译码后也要进行解释，理解其意义。若接收信息者只接收发信者的信息，而不发出信息，则其信息转换过程如图：

图1-2-2　单项信息转换过程[1]

从图 1-2-2 中的信息转换过程来看，信息发送者发出的信息接收者未必百分之百都接收到。实践中，教师针对学生的问题进行批评或处理，但是学生是否从内心深处接受，教师并不真正了解。这时的沟通只是单项沟通。

如果接收信息者接收信息后，又把自己的意见编码，通过信息通道向发送信息者发送回去，其信息转换过程则可如图：

[1] 全国八校院校社会心理学教程编写组. 社会心理教程[M]. 兰州：兰州大学出版社. 1986：346.

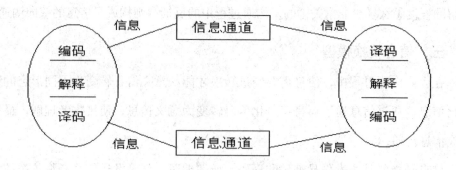

图 1-2-3 双向信息交换过程 [1]

然而，信息在双向传递中也会遇到许多障碍。例如：信息传输中信息通道选择不当、编码出现错误、歪曲误解信息意义、环境嘈杂、心情恶劣等，都会影响沟通的效果和效率。可见，在师生沟通中经常会出现沟通无效或低效的现象。这就需要教师用心了解师生沟通中出现的障碍表现，并认真分析原因，对症下药，寻找有效的沟通策略。

第三节　师生沟通的一般规律

"不论做什么事，不懂得那件事的情形，它的性质，它和它以外的事情的关联，就不知道那件事的规律，就不能做好那件事。"师生沟通作为人际交往，它同样需要遵循人际交往的一般规律。

一、互悦机制和自己人效应

所谓"自己人"，是指对方把你与他归于同一类型的人。"互悦机制"指人际之间"喜爱引起喜爱"的心理规律。一般来讲，"喜欢他"和"被他喜欢"互为因果。一旦有了"互悦机制"之上的良好人际关系，其中一方就更容易接受另一方的某些观点、立场。就算对方提出的要求、任务让自己很为难，也不会轻易拒绝。同样一个观点或一件事情，如果是自己喜欢的人提出的，接受起来既快又容易；

[1] 全国八校院校社会心理学教程编写组. 社会心理教程[M]. 兰州：兰州大学出版社. 1986：346.

如果是自己讨厌的人说的，则会本能地加以抵制，这种心理就是"自己人效应"。

知识百科 互悦机制在生活中的应用是广泛的，对此，1982年，美国威斯康星大学曾做过如下实验：实验人员让甲、乙两支队伍进行保龄球比赛，两队的第一球各自击倒了7只瓶，这时，甲队教练走过去对自己的队员说：你们很棒，打倒了7只瓶子，继续加油！而乙队的教练却开始训斥起自己的队员：怎么打得这么差，平时教你们的全忘了吗？面对不同态度的教练员，甲队队员得到了很大鼓舞，随后的比赛中他们越打越好，而乙队队员感到非常不耐烦，越打越糟糕。很明显，甲队最终赢得了比赛。这个实验向人们传了这样的信息：对于自己喜欢或亲近的人提出的事情和要求，人们接受起来会更容易，较不会产生排斥感。

的确，在人际关系中，如果你能够时时刻刻对别人表示出关心和爱护，那么别人对你也会有同样的举动，如果你能够首先做到喜欢别人，那么别人还会不喜欢你吗？

案例1-3-1 卡耐基与继母[1]

卡耐基小时候是一个公认的非常淘气的坏男孩。在他9岁的时候，他父亲把继母娶进家门。当时他们是居住在弗吉尼亚州乡下的贫苦人家，而继母则来自较富有的家庭。他父亲一边向她介绍卡耐基，一边说：亲爱的，希望你注意这个全区最坏的男孩，他可让我头疼死了，说不定会在明天早晨起床就拿石头扔向你，或者做出别的什么坏事，总之让你防不胜防。

出乎卡耐基意料的是，继母微笑着走到他面前，托起他的头看着他，接着又看着丈夫说：你错了，他不是全区最坏的男孩，而是最聪明、但还没有找到发泄热忱地方的男孩。

继母说得卡耐基心里热乎乎的，眼泪几乎滚落下来。就是凭着她这一句话，他和继母开始建立友谊。也就是这一句话，成为激励他的一种动力，使他日后创

---

[1] 钟嘉彤.卡耐基与继母[EB/OL].http://blog.luohuedu.net/blog/149235.aspx，
2012.5.13.

造了成功的 28 项黄金法则，帮助千千万万的普通人走上成功和致富的光明大道。因为在她来之前没有一个人称赞过他聪明。他的父亲和邻居认定他就是坏男孩，但是继母就只说了一句话，便改变了他的人生。来自继母的这股力量，激发了卡耐基的自信力，激励了他的想象力和创造力，撞开了他和无穷智慧发生联系的那扇门扉，使他成为 20 世纪最有影响力的人物之一。

对于学生来说，如果你喜欢一位老师，老师也喜欢你，你越发觉得老师可亲可敬，从而喜欢老师所教的学科和知识。对于老师来说，如果你真的讨厌一个学生，这个学生也会讨厌你。因此，在师生沟通中，教师应该寻找和学生的共同点，让学生视教师为自己人，使双方的感情不断融洽，沟通就能深入下去。值得注意的是，在运用"自己人效应"时，要把握以下三点：

一是要寻找共同的"认同点"。如一位高中教师在就职演说中这样表达："同学们，你们都很年轻，但我也比你们大不了几岁。我跟你们一样，有很多共同爱好，我喜欢唱歌、打球、上网，有时还会看看漫画书。我最喜欢的歌星是林志颖，更喜欢看 NBA 球赛。"这样的表达让学生和老师之间有了共同的话题，有了相似的经历，有了交流的信息。

二是要适当"暴露"自己的缺点。如"我做学生时，也有毫无节制地看武侠小说、经常和老师顶嘴等缺点。对于老师和家长的教诲，我总是觉得他们太乏味"。这样的表达让学生觉得老师不是"神"，而是实实在在会犯错误的人，这就会使对方产生优越感，迅速缩短彼此心理上的距离，对方的态度也会由厌恶变成喜欢。

三是要主动表达"交心"的愿望。如"有空时我想给大家讲讲我做学生时的一些经历，也许对你们的成长会有点启发。今后，在我和你们相处的日子里，我不但会在学习上帮助你们，还会和大家同忧共患。如果你们心里有什么解不开的疙瘩，尽管和我来谈。因为我相信，我不仅会成为你们合格的班主任，还一定会成为大家最好的朋友"。这样热情洋溢、发自肺腑的表达，没有学生会不被打动。

除此之外，要让学生认可教师为"自己人"，必须要在双方处于平等地位的前提下，教师尊重学生的个人空间，并注重运用教育技巧，才能使"自己人效应"的作用充分发挥。

案例1-3-2 美丽的微笑

苏璐璐同学是个很可爱的女孩，很讨人喜欢，担任班级生活委员，工作认真负责，给我的印象不错，但她的学习成绩也一路下滑，从年级22名跌到了170名。于是，我找她做了长时间的交谈。

我：两个月来感觉学习怎么样？

苏：老师，我原来散漫惯了，现在感觉都不想学习，为什么要学习呀？（她说的时候有点俏皮，很可爱的样子。）

我：你这样的生活其实挺好的，我有时也在想为什么要每一个同学都学习呀？（我顺着她的思路说，为的是让她感觉我是自己人，不至于产生叛逆心理。）

苏："就是就是！"（她笑着说。）

我：那你对现在这样的成绩有什么感觉呢？（我想让她自己说说感受，然后好引导。）

苏：感觉挺难受的，我从来没考这么差过，丢脸死了！（她有点不好意思。）

我：学好学差本来没什么关系，但现在看样子已经影响你的生活了，对不对？

苏：嗯。

我：本来，我们散漫的生活是在体验快乐，这是一种生活方式，我并不反对。但是，现在，这种生活方式已经影响了你的情绪与感觉，如果继续这样下去会是怎样的结果呢？

苏：成绩会越来越差，感觉不好。

我：对呀，好的愿望变成了坏的结果，这个时候我们就有必要调整自己的想法了。是不是对现在的教育不喜欢？

苏：对呀，为什么每天都要学习，为了什么呀？

我：其实，对现在的教育我也很有看法，完全没必要把同学逼得这么紧，像你原来这样的生活我觉得很好。（我有意肯定她的生活方式。其实，我从内心确实也是认同的，只是限于现实觉得有必要调整，为的是得到她对我的进一步认同，为了接下来的教育顺利、有效进行。）

（她笑了笑，没说什么。）

我：只是，现实很残酷，你如果学不好就不能进入理想的大学深造。在现实面前，当我们不能改变什么的时候，就需要从自己身上进行改变。比如学习，原本也没什么，但现在因为成绩不理想而影响了你的情绪和感觉，以致生活也受到了影响，你不觉得有改变一下的必要吗？（我娓娓道来。）

苏：我也知道，这样的成绩感觉太糟糕了。

我：对呀，这已经对你产生很大的影响了，所以，要调整一下自己的生活方式，把心思用到学习上来。而散漫的生活方式可以到大学去体验呀！成绩好差没关系，但一定要发现成绩背后的问题，如果这次考差了，促进了你的自我改善，我觉得这也是种收获。塞翁失马，焉知非福？

苏：我也觉得应该好好学习了，要不然太丢脸了。

我：对自己有没有信心？

（她点点头，嗯了一声）。

我：我对你很有信心，只要你用心于学习，一定能够取得进步！（我勉励她说，心里也对她充满希望。）

苏：谢谢老师！（她很礼貌地说，带着美丽而可爱的微笑！）

"亲其师，则信其道；信其道，则循其步"。在案例1-3-2中，教师能够把握住"自己人效应"的要点，在寻找共同的"认同点"上下功夫，和学生进行了完美的沟通。可见，互悦机制和自己人效应在师生沟通中对学生的发展起着至关重要的作用。作为教师，要重新审视"说你行，你就行，不行也行；说你不行，你就不行，行也不行"的教育观念给不同学生造成的不同影响，要抱着一种欣赏的眼光看待每个学生，而不是某个学生。久而久之，你会发现，你的"粉丝"会呈立方增长。

二、晕轮效应

晕轮效应也称光环效应，是指当一个人对另一个人的某些主要品质有个良好

的印象之后，就会认为这个人的一切都好，反之也一样，如果被认定是坏的，那么他就被消极的光环所笼罩。晕轮效应常常表现为以偏概全、以貌取人等特征，它常常以一个人某一方面的突出优点扩展到对一个人其他方面也予以积极肯定；或一个人

图1-3-1

某一方面缺点突出，它往往就会以为这个人的各个方面都不行。

知识百科　美国心理学家凯利以麻省理工学院的两个班级的学生分别做了一个试验。上课之前，实验者向学生宣布，临时请一位研究生来代课。接着告知学生有关这位研究生的一些情况。其中，向一个班学生介绍这位研究生具有热情、勤奋、务实、果断等品质，向另一班学生介绍的信息除了将"热情"换成了"冷漠"之外，其余各项都相同。而学生们并不知道。两种介绍间的差别是：下课之后，前一班的学生与研究生一见如故，亲密攀谈；另一个班的学生对他却敬而远之，冷淡回避。可见，仅介绍中的一词之别，竟会影响到整体的印象。学生们戴着这种有色镜去观察代课者，而这位研究生就被罩上了不同色彩的晕轮。

晕轮效应的最大弊端就在于以偏概全。其特征具体表现在这样三个方面：

一是遮蔽性。有时我们抓住的事物的个别特征并不反映事物的本质，可我们却仍习惯于以个别推及一般、由部分推及整体，势必牵强附会地误推出其他特征。随意抓住某个或好或坏的特征就断言这个人或是完美无缺，或是一无是处，都犯了片面性的错误。

二是表面性。晕轮效应往往产生于自己对某个人的了解还不深入，也就是还处于感、知觉的阶段，因而容易受感觉的表面性、局部性和知觉的选择性的影响，从而对于某人的认识仅仅专注于一些外在特征上。有些个性品质或外貌特征之间

并无内在联系，可我们却容易把它们联系在一起，断言有这种特征就必有另一特征，也会以外在形式掩盖内部实质。如外貌堂堂正正，未必正人君子；看上去笑容满面，未必面和心慈。简单把这些不同品质联系起来，得出的整体印象必然是表面的。

三是弥散性。对一个人的整体态度，还会连带影响到跟这个人的具体特征有关的事物上。成语中的"爱屋及乌"、"厌恶和尚，恨及袈裟"就是晕轮效应弥散的体现。

知识百科 卫灵公非常宠幸弄臣弥子瑕。有一次弥子瑕的母亲病了，他得知后就连夜偷乘卫灵公的车子赶回家去。按照卫国的法律，偷乘国君的车子是要处以刖刑（把脚砍掉）的。但卫灵公却夸奖弥子瑕孝顺母亲。又有一次，弥子瑕与卫灵公同游桃园，他摘了个桃子吃，觉得很甜，就把咬过的桃子献给卫灵公尝，卫灵公又夸他爱君之心。后来，弥子瑕年老色衰，不受宠幸了。卫灵公由不喜爱他的外貌而不喜爱他的其他品质了，甚至以前被他夸奖过的两件事，现在也成了弥子瑕的"欺君之罪"。

——《韩非子·说难篇》

教师在工作中常常也会犯这样的错误，由于某位学生成绩不好或某次行为表现不佳，就会带着"有色眼镜"看待这个学生的一切行为；由于某位学生成绩优异或某次行为表现突出，往往就认为这位学生什么都好，即使犯点儿小错，也不会追究其责任。

案例1-3-3 教育要小心"晕轮效应"[1]

某天某班级的小琴书包中的钱不见了，她哭着向班主任诉说。班主任听完后，就不由自主地把目光落到了小琴的同桌小强身上。因为小强的家庭条件比较差，以前也曾有过不良行为。于是，班主任就把他作为重点怀疑对象，并把他叫到了办公室，与之进行谈话。在谈话中，小强的脸一阵阵发红，始终不肯承认钱是他拿的。看着他哭哭啼啼拒不承认的样子，班主任也没有什么好办法，只好对其严

---

[1] 周爱华、顾启洲.教育要"小心"晕轮效应[EB/OL].http://www.doc88.com/p-681756990625.html, 2012.5.14.

加批评，并威胁小强，第二天一定要把钱送到办公室，否则就打电话叫家长来。出乎意料的是，第二天，班里学生李红跑进办公室举报了拿小琴钱的同学。原来拿钱的并不是小强同学，而是大家都认为各个方面表现非常突出的施某，她是班中的好学生。听到这话，班主任并不相信，直到找来施某，经过与之长时间的交流，才确定这件事的确是她所为。

通常，在晕轮效应的作用下，教师只凭自己的直觉做判断，不能根据学生实际表现下定论，不但让犯错的同学心存侥幸从而继续犯错，而且还冤枉了受批评的同学。当学生的判断力不断形成并趋于稳定的时候，就可能引发其他学生的不满，从而导致师生沟通无法进行，班级工作难以正常、有序开展。因此，在师生沟通中教师要注意克服晕轮效应所带来的弊端，要做到以下两点：

一是不要过早做出评价，要做深入了解。师生之间的误会往往产生于盲目的评价，不客观、不慎重的评价不但会阻碍学生的健康成长，而且也会影响教师在学生心目中的权威感、敬佩感。学生也是有思想、有感情、有人格的生命，要仔细观察，深入了解，避免犯"贴标签"的错误。

二是及时注意自己是否全面地看待学生。师生之间存在年龄、阅历、性格、兴趣等方面的差别，这种差别常常制约师生间的相互了解、交流和沟通。了解学生是一门艺术，也是一件劳心费神的事，而教师与学生是"一"对"多"的关系，这就给教师观察了解学生增加了相当大的难度，不容易把每个学生了解全面、准确。而不全面、不准确，就不能适应学生的身心特点因材施教，致使学生产生消极情绪，就不能保证对学生做出公正、公平的评价和处理，引起部分学生的抱怨、逆反心理。

名人名言　　尽可能深入了解每个学生的精神世界，这是教师和校长的首条金科玉律。

——苏霍姆林斯基

三、首因效应和近因效应

社会心理学中有一个重要的内容叫作社会知觉，它是指各种社会信息所形成的知觉，社会知觉是一种基本的社会心理活动。在社会知觉的概念中，印象形成有几大效应，其中首因效应和近因效应对师生沟通具有十分重要的现实意义。

(一) 首因效应

还记得刚入职时是怎样熬夜准备开场白的吗？还记得是怎么精心设计第一堂课的吗？还记得是怎样处理第一个课堂纪律问题的吗？没错，这确实是教师职业生涯中最难忘的片段，这就是首因效应在教学中产生的潜移默化的影响。

知识百科 ○ ˚ ° 有一位心理学家曾做过一个实验：把被试者分为两组，同看一张照片。对甲组说：这是一个屡教不改的罪犯。对乙组说：这是一位著名的科学家。看完后让被试者根据这个人的外貌来分析其性格特征。结果甲组说：深陷的眼睛藏着险恶，高耸的额头表明了他死不改悔的决心。乙组说：深沉的目光表明他思维深邃，高耸的额头说明了科学家探索的意志。

这个实验表明第一印象形成的肯定的心理定势，会使人在后继了解中多偏向发掘对方具有美好意义的品质。若第一印象形成的是否定的心理定势，则会使人在后继了解中多偏向于揭露对象令人厌恶的部分。

实验中的第一印象就是首因效应，是人与人第一次交往中给人留下的印象，在对方的头脑中形成并占据着主导地位的效应。第一印象作用最强，持续的时间也长，比以后得到的信息对于事物整个印象产生的作用更强。

案例1-3-4　班主任开展心理工作的技巧[1]

新学期开学后的第一次课间操，某班的男生就给新上任的班主任一个"下马威"：他们像猴子一样，爬到好几个篮球架上。集合铃响过之后，还是乱哄哄的，你推我挤，排不出个队形来。课间操的动作更不用说了，个个都像患了一场大病似的。

面对这样一个所谓的"垃圾班"，新来的班主任该怎样烧好"第一把火"呢？

---

[1] 班主任开展心理工作的技巧[EB/OL].http://www.gayysy.com/gb2312/dyzx/420.shtml, 2012.5.24.

说来也巧，他的第一把火就烧在课间操上。

课间操后，他就和同学们商量，咱们这个班，五十来个人，比学习，比不过人家，难道连走路、集合、排队也不如人家？同学们被班主任激火了，都要求同他们比一比，看谁的操做得好！为了同别的班比试，他又自荐当了同学们的教练。每到放学后，他们就练习集合、做操。功夫不负苦心人，几天后，这个班在全校做课间操上受到了表扬。通过做操这件事，新班主任在同学们中产生了很好的第一印象。随后他又不失时机地鼓励同学们夺取了卫生流动红旗、纪律优胜旗，学习上进步也很快。

可见，在人与人的交往过程中，第一印象起着重大作用。这位新来的班主任熟知这种首因效应的巨大作用，因此，他非常注意自己给学生的第一印象。因此，我们每一个教师，都要像这位新班主任那样善于进行第一印象的管理，注意自己与学生初交中的形象塑造，力求一开始就给学生一个好的印象。为此，要注意做好如下五个最初印象管理：

第一，见好第一次面。教师与学生进行第一次见面或谈话时，要事先做好充分准备，要表现出对学生的热爱、关心和体贴，要注意与学生建立情感上的联系，力求一开始就留给学生"是他们知心朋友"的印象。

第二，讲好第一次课。第一次课，教师必须充分做好准备，不但在教材上做好准备，还须在课堂语言、表情、方法等方面做好准备，要力求留给学生热心教学、知识渊博、有教学艺术等良好印象。

第三，批好第一次作业。教师对学生作业的认真批改，对学生的学习能起到"绩效强化"的作用。学生对老师的第一次作业批改，往往极为重视，印象也十分深刻，故教师批改第一次作业时，应特别认真仔细，严格要求，不马虎从事，一开始就留给学生要求严格、一丝不苟的印象。

第四，处理好第一件意外事件。教师在处理第一件意外事件时，要表现出高度的教育机智，特别是对意外的情况，快速做出反应，及时采取恰当的措施，应力求留给学生沉着稳重、思维灵活、善于机智处事的印象。

第五，开好第一次班会。第一次班会给学生的印象是很深刻的。教师要精心安排和组织，达到教育目的，要表现出教师较高的政治素质和组织才能，力求留给学生政治思想水平较高、组织管理能力强、工作有方法等良好印象。

当然，获得良好的第一印象并不是纯粹的方法问题、策略问题，更不是假惺惺的伪装，而是平素积累和养成的作风、思想、知识、才能、方法等的一种表现。每一个教师都应注意以下两点：

一是首因效应适用范围具有一定的时空限制。它包括师生初次见面、新学期第一次课、教师形象、教态、语言、课前准备、常规教育、动作示范以及学生对练习内容的初次感知和尝试等。案例1-3-4中的教师重视了第一次室外授课的时机，他的课前准备、教态、语言、队列动作示范给学生留下了深刻的印象：教风严谨、要求规范、场地器材安排富有创意，对学生细致、体贴。这种首因效果一方面使该教师在学生中确定了自然的威信，同时也潜移默化地影响学生自身的体育课行为，取得了"双赢"的效果。

二是要善于对第一印象进行管理和保持。"路遥知马力，日久见人心。"教师在放好"第一把火"后，还要紧跟着放好第二、第三……把火，使其积极的一面逐步形成"定势"作用。只有这样，学生才会信任你。

（二）近因效应

回顾教师生涯，是否有过"对学生的一次失误大加责罚，使学生的自尊心受到严重伤害，虽事后后悔并设法弥补，但师生亲密无间的关系已不复存在"的情况？学生作为日趋成熟的个体，也无时无刻不受着心理规律——近因效应的制约。

 美国心理学家卢钦斯(A.Ladins, 1957)用两段文字作为实验材料研究了首因效应现象。[1]他编撰的文字材料主要是描写一个

---

[1] A.Ladins.近因效应实验[EB/OL].http://smd.sjtu.edu.cn/jp/rjcb/list10-2.html, 2012.5.24.

名叫吉姆的男孩的生活片段，第一段文字将吉姆描写成热情并外向的人，另一段文字则相反，把他描写成冷淡而内向的人。例如，第一段中说吉姆与朋友一起去上学，走在洒满阳光的马路上，与店铺里的熟人说话，与新结识的女孩子打招呼等；第二段中说吉姆放学后一个人步行回家，他走在马路的背阴一侧，他没有与新近结识的女孩子打招呼等。在实验中，卢钦斯把两段文字加以组合：

第一组，描写吉姆热情外向的文字先出现，冷淡内向的文字后出现。

第二组，描写吉姆冷淡内向的文字先出现，热情外向的文字后出现。

第三组，只显示描写吉姆热情外向的文字。

第四组，只显示描写吉姆冷淡内向的文字。

卢钦斯让四组被试分别阅读一组文字材料，然后回答一个问题"吉姆是一个什么样的人？"结果发现，第一组被试中有78%的人认为吉姆是友好的，第二组中只有18%的被试认为吉姆是友好的，第三组中认为吉姆是友好的被试有95%，第四组只有3%的被试认为吉姆是友好的。

这项研究结果证明，信息呈现的顺序会对社会认知产生影响，先呈现的信息比后呈现的信息有更大的影响作用。但是，卢钦斯进一步研究发现，如果在两段文字之间插入某些其他活动，如做数学题、听故事等，则大部分被试会根据活动以后得到的信息对吉姆进行判断，也就是说，最近获得的信息对他们的社会知觉起到了更大的影响作用。

这种现象叫作近因效应，是指在印象形成过程中，新材料对印象的形成起重要的影响作用。一般来说，熟悉的人，如朋友、同学、同事，特别是亲密的人之间容易出现近因效应。一般情况下，前后信息间隔时间越长，近因效应越明显。

案例1-3-5 严厉批评后莫忘安慰[1]

期中考试时，某班的一名学生作弊，班主任张老师对这名学生进行了严厉的

---

[1] 转引师闲散人.严厉过后莫忘安慰[EB/OL].http://mcex.e21.cn/E_ReadNews.asp?NewsID=2590，2012.5.25.

批评。最后，张老师温和地说："也许，我的话重了点，但愿你能理解我的一片苦心，老师相信你，你一定能改正错误。"这名学生信服地点了点头。

有时，学生的行为严重地违反了校纪，确实使教师非常生气，大发其火。但这种情绪化的处理方式，却不能达到应有的效果，往往是言者历历，听着藐藐。根据近因效应，在严厉批评学生后，如能用比较妥帖的话语结束批评，使整个批评融入一种浓浓的教师爱护学生的情感中，尽管学生受到了严厉的批评，但从教师的结束语中，还能感觉老师为他好，这对学生改正错误、避免师生间形成僵局都是很重要的。张老师应用了近因效应的理论，因而批评的效果是明显的。批评学生后，不能用"如果再犯，定不轻饶"、"听不听由你，到时老账新账一起算"等结束批评，这样，只能给学生留下一个可憎的印象。无论学生犯什么错误，教师都应该头脑冷静，在批评结束时，给学生一个善意的结尾。

因此，近因效应提示我们，在师生沟通中要注意以下两点：

一是在批评学生时，要注意语句的选择及先后顺序。如严肃批评之后，再笑着说"也许，我的话言重了，但愿你能理解，我是为你好。好好改正吧，其实，你还是不错的"，就会给人留下亲切、勉励和期待的印象。若是表达为"听不听由你，到时候一笔算"或"若再犯，我决不饶你"这种警告、命令式的结束语，只能给学生留下害怕、可恨的印象，甚至产生对抗，教育效果会很差。

二是要用发展的眼光看待学生。近因效应使人们更看重新近信息，从而忽略了以往信息的参考价值，割裂了历史与现实、现象与本质的关系，会影响我们对人和事做出客观、正确的评价和判断。因此，在人际交往中，我们应注意克服近因效应带来的认知偏差，要用动态的眼光看待他人，不因一时一事随便肯定和否定一个人。作为教师，对学生应看一贯、看发展、重近期。对缺点和毛病较多的学生，应鼓励其克服缺点，重新树立良好形象，以改变他人的看法。

一般心理上开放、灵活的人容易受近因效应的影响，而心理上保持高度一致，具有稳定倾向的人，容易受首因效应的影响。

四、动机效应

动机，在心理学上一般被认为涉及行为的发端、方向、强度和持续性，主要是指激发人的动机的心理过程。通过激发和鼓励，使人们产生一种内在驱动力，使之朝着所期望的目标前进的过程。

而人与人交往是基于什么动机呢？尽管每个人具体的交往动机各不相同，但最基本的动机就是为了从交往对象那里满足自己的某些需求，这就是所谓的互利原则。事实上，人与人之间的交往需求是多层次的，粗略地可以分为两个基本层次：一个层次是以情感定向的人际交往，比如亲情、友情、爱情；另一个层次是以功利定向的人际交往，也就是为实现某种功利目的而交往。现实中人们时常会自觉或是不自觉地将这两种情况交织在一起。有时候即使功利目的交往，也会使人彼此产生感情的沟通和反应；有时候虽然是情感领域的交往，也会带来彼此物质利益上的互相帮助和支持。还有，在人的各种交往中，有时是为了满足物质需求，有时则是为了满足精神的需求。换言之，人际交往的最基本动机就在于希望从交往对象那里得到自己需求的满足。那么人际交往的延续就有一个必要的条件：交往双方的需求和需求的满足必须保持平衡。

因此，在人际交往刚刚开始时，人们首先是揣摩、考虑对方的交往动机，尤其是考虑这种动机主要是"利己"还是"利他"，然后才会决定自己应该做出怎样的行为反应。

根据这个原理，教师在师生沟通中应该重视两方面的问题[1]：一是认真反省自己的沟通动机。教师千万不能低估学生对自己行为动机的判断力。因为老师是否真正为学生着想是学生内心最在乎、也最敏感的问题。教师每一次与学生沟通之前，先要扪心自问一下"我是否真的为了学生变好？我对学生是否做到了百分之百的真诚？我是否借口为学生着想却夹杂着自己的私心？"等。二是尽量准确地表达你的良好动机。教师需要经常思考自己的表达方式，让学生真正感受到自己的"良

[1]　屠荣生、唐思群.师生沟通的艺术[M].北京：教育科学出版社，2007.

苦用心"，当学生认定教师一方的沟通动机是善意的，师生沟通才能有良好的开头。

案例1-3-6　认真反省自己的沟通动机[1]

因为有几个学生作业不好，教师在教室里大发雷霆。等老师转身刚走，同学们就嘻嘻哈哈相互探询：今天老师又受什么刺激啦？今天怎么这么情绪化，总是因一点儿小事就拿我们开火！

案例1-3-6中的教师低估了学生对自己行为动机的判断力。从学生的角度来看，老师是否完全只为他们着想是孩子们内心最在乎、也最敏感的问题。而且，从上学读书开始，在与各种教师的不断交往中，他们也早已逐渐形成了对教师行为动机的评判能力。

学以致用

1. 结合所学内容，对案例1-2进行分析并写出分析报告。

2. 请结合教学实际，谈一谈如何应用师生沟通规律。

---

[1] 朱优跃.认真反省自己的沟通动机[EB/OL].http://bzr.teacherclub.com.cn/dts/brief/brief!view.action?id=31067，2012.5.30.

第二章　师生有效沟通的原则、方式以及常见障碍

"一次成功的沟通，就是一次成功的教育"，教育的问题在很大程度上是沟通的问题。教育中如果缺乏有效沟通，则学生的"心事"教师"猜也猜不明白"，而教师的"柔情"学生也"永远不懂"，导致教师失望，学生伤心。其实，"通"则"不痛"，"痛"则"不通"。通过有效沟通，不但教师可以走进学生的心灵世界，学生还能够真正理解教师的良苦用心，真正达到师生交往的和谐。

目标导航

熟悉：师生有效沟通的原则。

掌握：师生有效沟通的方式；师生有效沟通的影响因素；师生有效沟通的常见障碍

 情景再现

案例2-1　同老师1的谈话

师：你坐吧！今天我找你来是想和你谈谈你的学习问题。

生：（紧锁眉头，沉思不语）。

师：这次考试你又几门功课不及格？

生：（低头小声回答）。

师：你知道你的成绩在班上名列第几名？

生：53名（倒数第二名）。

师：你的成绩为什么总也不提高呢，你琢磨了吗？

生：不刻苦（老师从抽屉里拿出两本被没收的小说，往桌子上一放）。我跟你谈过多少次，叫你上自习课时不要看小说，你为什么屡教不改呢？

生：我想改，但总也控制不住。

师：那是因为你没有危机感，学习没有压力。你说该怎么办？是请家长呢还是写保证书？

生：（低头哭了）。

案例2-2　同老师2的谈话

师：请坐，你是有为难的事想要我帮你是吗？

生：是的，这次月考，竟有5门功课不及格，我心里很难受。

师：你的心情我很理解，你能告诉我是什么事让你这么为难吗？

生：哎，我非常清楚，学习成绩不好的原因是由于我酷爱看武打小说造成的，但我又改不了这个毛病。

师：这么说，看小说影响了你的学习成绩，使你心里难受。要想不看，你又控制不住。看来，看小说还是能给你带来愉快的！

生：（兴奋地）是呀，看小说能使我忘掉所有的烦恼和痛苦。

师：那么你的烦恼和痛苦到底是什么，你是否可以告诉我？

生：我父母是"老知青"，我从小一直由姥姥抚养，6岁时才回到父母身边，对于我的学习和生活他们无暇顾及。直到上初中时发现我的成绩差，才关心起我的学习。但从不关心我的困难和需要，我感到非常孤独。

师：哦，你接着说下去。

生：有一次外语老师在课堂上公开说我的发型是"狗尾巴"，同学们哄堂大笑，同学们的笑声刺痛了我的心。从此，我感到很自卑，很孤独。

师：在这种处境下，你有这样的感受，如果是我，也会和你一样。不过你在学校里发生的这一切，你对父母说过吗？

生：没有。因为他们从不关心我心里想什么，有什么痛苦和欢乐，他们关心的是我的学习成绩。一次偶然的机会，我在同学那里看到一本武侠小说，看后使我忘掉了苦闷和烦恼，后来慢慢地就上瘾了，到了废寝忘食的地步，于是就影响了我的学习成绩。我知道这样是不对的。

师：平时还有什么事让你很开心吗？

生：有啊，比如当我满足了同学需要我给他们讲考古小知识时，当同学病了，我帮助他，他们把我当朋友时，当看到爸爸妈妈的笑脸时。

师：还不少啊！你每天能找出 3 件能使你高兴的事吗？

生：能，下次我给你讲 10 个，行吗？

师：那太棒了！

第一节　师生有效沟通的原则

美国心理学家罗杰斯提出了人际关系的三要素，即真诚、接受、理解。"真诚"作为人际关系的原则，主张表里一致，反对虚伪；"接受"是指教师要允许学生表露自己的情感，不管是令人高兴的，还是让人不快乐的，教师应该接受这些表露，并由衷地表示欢迎；"理解"是要求从他人的角度来理解他人，设身处地为他人着想。德国的交往教学论强调师生人际交往合理性，强调参加交往的各方都应放弃权威地位，相互持平等态度"[1]。

一、理解

理解是教师与学生交往的前提，更是当代师生沟通的关键。那么，教师要做到真正地理解学生，必须做到以下三点：一是教师对学生的看法和感受持接纳的

[1]　曲振围．当代教育学[M]．北京：清华大学出版社，2006：269．

态度；二是教师站在学生的角度，设身处地地从学生的位置来体验他们的感受；三是通过语言或非语言的沟通，向学生表达出教师对他们的了解与理解。

案例2-1-1 善待学生，理解宽容[1]

一次自习课，离下课还有十分钟左右，我正讲得带劲，忽然听到一声"报告"，循声望去，是一位男生，其貌不扬，也不是我心中认可的好学生，顺口就说："干什么去了？"那学生说："英语老师叫我。"见多了调皮捣蛋学生的伎俩，明明是到操场打篮球却说某某老师找他们。想到这儿，我便说："你不用进来了，就站门口听课吧。"只见这位学生待了几秒钟，而后就不见了。这时的我心里直打鼓：他在不在门口呢？万一出去出了事怎么办？这可是我的课堂啊。想到这儿，我三步并作两步跨出了教室。啊，还好，他在墙根立着，只是肩膀在剧烈地抖动。莫非他哭了？我上前端详。借着楼道里昏暗的灯光，我看到他脸上大滴大滴的泪珠往下滑落，我心里面直感叹：人都说男儿有泪不轻弹，看现在的小男生，都是温室里的花朵了，这么脆弱。唉，这个世道真是不知怎么啦。我问他："你怎么啦？老师说重你了吗？都快下课了你才来上课还委屈得不行吗？"那学生哽咽着说："老师您……您……别管我。我……待会儿再和您说，您先回教室上课吧。"我听了想想也对，有什么事等下课再说，还有那么多学生在等着我呢。于是，我又走进了教室讲起了课。

终于，下课铃声响了，学生们欢呼着涌出了教室，我也去找那位学生。眼前的他已经平静了许多，只是眼神里还满含着委屈。我耐下心来，听他解释。"老师，真的是英语老师叫我，不信您去问她。这次我没考好，她把我狠狠地批了一顿，然后让我回来上课。以往其他同学迟到了您什么也不说就让他们进去了，我以为我也可以。没想到我刚到门口，您就不让我进教室。我感觉今天倒霉透了，觉得委屈，就控制不住自己了。不过我知道你们都是为了我好，我以后一定改正。"说完这些，他长长地吐了一口气。原来如此，是我错怪了他。我简单粗暴地把他拒

[1] 善待学生，理解宽容[EB/OL]. http://haoxx.tyedu.com.cn/daohanglanmu/xuexiaojiansheguanli/2011-07-13/197.html，2012.6.12.

之门外，到头来他却如此善解人意，我很惭愧地又安慰了他一番。目送他远去的背影，我陷入了沉思：原来我身上还有如此之多的"缺陷"。

由于案例2-1-2中的教师对学生缺乏理解和体谅，缺乏细节方面的考虑，不给学生以辩解的机会，让原本糟糕的心情"雪上加霜"。如果教师能站在学生的角度想一想，也许这名学生就不会那么委屈，不会产生"倒霉"的想法了。

另外，当今学生获取知识信息的途径多，书籍、电视、网络每天伴随孩子们的生活，学生见多识广。在日常生活中，教师在自己的工作之外，还要多接触社会生活的不同领域，尽力抽时间上网、看电视、读报、阅读时尚的杂志和畅销小说、看看热播的动画片，同时对社会的政治、经济、文化等各个领域都要尽量多地涉猎，从而开拓自己的生活视野，加深对社会和人性的体会，也就容易对人产生同理心，容易体会在这个世界上每个人都是独特的，都是由他们的生活经历和背景所塑造出来的，对不同的人都要接纳和包容。

二、尊重

"尊重，是一种爱，一种信任。只有教师对学生付出真挚的、深沉的爱，只有教师对学生体现出一种高度的人格信任，教师才能得到同样的回报。"教师尊重学生就是要尊重学生的人格，尊重学生的隐私。尤其是对待落后生和犯错误的学生，不怕批评，不怕严格，最怕讽刺、挖苦、体罚等侮辱人格的做法，每个学生都是活生生的生命个体，教师一定尽力保护他们的自尊与自信。

案例2-1-2　以人为本，尊重学生[1]

数学课上，我正慷慨激昂地讲解应用题，这是我们班学生最大的弱项。忽然看到郭翰和他的同桌偷偷地笑着。在我看来，这笑容充满着神秘和诡异。"噌"地一下，怒气蹿上了头顶。因为在上次的应用题竞赛中，郭翰"光荣"地取得了年

[1] 方芳.以人为本，尊重学生[EB/OL].http://wenku.baidu.com/view/75766e3a0912a21614792913.html，2012.5.25.

级倒数第一的成绩，只得了 40 分，我这么口干舌燥地分析解题思路，不都是主要针对他来讲嘛！可他……

"郭翰、李汶骏，都站起来！"我把书一摔，声嘶力竭地喊着。他俩吓了一大跳，看着他们脸色突变，更加深了我对他们的怀疑。"把我刚才讲的知识重复一遍！"沉默。我三步并作两步地走到郭翰身旁，"说，刚才干什么呢？笑什么呢？"又是沉默，我的火气更大了，用手推了他一把，他"嗵"地坐在了椅子上，马上又战战兢兢地站起来，脸色更加难看了，眼中充满了泪水。我丝毫不怜惜，"你还哭，我都还没哭呢，得了 40 分，给咱们班拉后腿，现在我讲应用题，你还不听，下次你还想当最后一名？"他低下了头，看来他受到教训了，我这才罢休。

过了很长时间，我已经把这件事忘却了。一次，品德课上，老师让学生们给他们最喜欢的老师发奖状，要写出奖状的内容和颁奖原因。我的奖状当然最多，因为我是班主任嘛！而且在他们心目中，我是一个既能为师又能成友的好伙伴，这点自信我还是有的。看着他们给我的奖状，真有点飘飘然了。内容五花八门，什么"最聪明奖"、"最漂亮奖"、"最温柔奖"……我暗自高兴，这些小东西，嘴可真甜。

忽然，映入我眼帘的是：方老师，我要颁给您最佳暴力奖！我急忙看奖状的背面，因为那里写着原因：上次您将数学课时，李汶骏的橡皮掉了，我帮他捡起来，我们俩相互笑了笑，您就特生气，还推我，所以我给您发最佳暴力奖。

许多教师把尊重挂在嘴边，而实际上却轻易地伤害学生的自尊心。案例中的方老师没想到学生郭翰会那么在意她那些没经过大脑的话，而这恰恰伤害了学生脆弱的心。理解是建立在对学生的信任基础上的。要想成为一名成功的教师，要相信你的学生不是天生无能，要善于发现每个学生的闪光点，精心呵护和引导。

 你的教鞭下有瓦特，你的冷眼里有牛顿，你的讥笑中有爱迪生。

——陶行知

要记住，不管学生与我们讲了什么内容，即使是一些我们完全无法认同的事情，我们都有保密的任务，特别是对其他同学和学生家长。保密是信任的前提，是尊重的表现，不能为别人保密，肯定不会取得很好的沟通效果。只有在这个前提下，学生才有可能毫无顾忌，畅所欲言。

三、宽容

"宽容是人格强健的确证，不宽容是人格萎缩的表征"[1]，它绝不等同于教师对学生缺点或错误的一味"纵容"，而是对学生能够克服困难、改正错误、提高学生成绩的信任。中小学生是正在成长中、发展中的人，不是成人，难免要犯错。犯错误需要教师耐心引导。教师的宽容和理解是对学生的不足、缺点甚至错误的包容、理解和原谅，是对学生发展缓慢的一种等待。

案例2-1-3 宽容是一种无声的教育[2]

一位老师接手一个新班，班中有一个"后进生"，大家似乎忘记了他的名字，只管他叫"老油"。

开学那天，老师就感受到"老油"的厉害。正当老师跟全班同学谈心的时候，坐在讲台旁的他突然站起来，指着老师耳下痣上的毛大声说："老师，你这儿有一根毛，我替你拿掉？"全班同学哄堂大笑。老师满脸通红，手上骨节咯咯作响。此时，他的耳边猛然响起一句话："宽容是一种美德。"老师的心情平静了许多，和颜悦色地对"老油"说："你观察得很仔细，而且很关心老师，大家要向你学习，请坐。"带着全班同学的瞠目结舌，带着"老油"通红的惶恐相，老师走出了教室。

几天后，意想不到的事情发生了："老油"把讲台内外收拾得一干二净。老师把他请到办公室，笑着问："你为什么要这么做？"他不好意思地说："那天您不但原谅了我，还表扬了我。以前他们都是训我，从来没有像您这样……"说到最

---

[1] 肖川．教育的理想与信念[M]．长沙：岳麓书社，2005：2、4．

[2] 宽容是一种无声的教育[EB/OL]．http://jiaoshi.eduu.com/e/20091106/4b8bd4a41100c.shtml，2012.5.25.

后，他竟然动情地流下眼泪。见此，老师趁机在做人、生活、学习等方面和他谈心，指出他的一些不足，他都愉快地接受了。

教师的宽容是学生自信心的保护伞，是学生发展的一种动力。试想一下，如果这位老师没有以一颗宽容的心对待这个学生，而是厉声斥责，或变相予以惩罚的话，教育的效果可能会适得其反，南辕北辙。是教师的宽容为学生的成长留足了自主反思的空间，是教师的宽容铺平了师生沟通之路。

四、平等

平等是指人格的平等。只有人格达到平等，才能真正实现师生有效沟通。沟通中坚持平等的原则能促进学生身心健康全面发展。平等的交流能营造良好的教学氛围，充分调动学生学习的积极性，学生敢于主动与教师探讨问题、交换思想、分享教学过程和教学结果。平等的师生沟通中教师只是学生学习的组织者、引导者和促进者。

案例2-1-4 平等尊重，教学相长[1]

这是棒球击球跑垒的新授课，按教学计划，只要能让学生了解并做出击球跑垒的动作就行了。课上，教师把男生分成两组后，简单地讲述了防守队员应该如何投球和传接球，攻方击球后应该如何逆时针跑垒踩包，提了些学练要求，就让学生上场演练了。在刚开始的几个回合中，由于攻守不协调，出现了一边倒现象，没有精彩可言。一会儿，一些同学产生无聊感时，有位男生突然向教师说道："老师，你的解释有错误。以前在体育频道上也看到过棒球比赛，就是看不懂，人家跑垒好像不是这么回事。我就知道投球和击球都有好几次机会的，好像一个是三次，一个是四次，不是现在的一次性就完，这样一点也不精彩。你说呢？"一言既出，满场哗然。

---

[1] 平等尊重，教学相长[EB/OL].http://www.wzqjks.com/Article_Show.asp?ArticleID=15556, 2012.5.25.

教师一时语塞，这是教学内容拓展开发的一个教材，对师生来讲，本身很有新意又有趣，大有开发的潜力。不过，对棒球的比赛方法、规则、流程，说实话，教师也没有好好研读，处于摸索阶段，"现学现卖"，了解了一点儿就先上场了。面对学生一语中的的指责，虽然有意辩解，但也总不能不懂装懂吧。教师平静了一下，对那位同学说："你的提问很好！其实，老师也不是全才，我也是在课前刚学习怎么打棒垒球，今天确实准备得不够充分，所以一时也不能给你做出满意的解释。""我想能不能这样，下课后我们大家一起去查找一些资料，下一节课共同来解释这个问题。"接着，教师不失时机地给予了表扬，又说："你的想法是个好主意，我们不妨先来试一试，今天老师邀请你带大家一起练！"结果，同学们一起动脑，课堂上练得十分欢快。

之后的一堂课前，同学们早就在那交流学习资料，在场地上比画开来了。

教师尽管闻道在先，但并非尽知天下事。因此，教师就更加需要了解学生，与学生如朋友一样平等沟通，从学生那里汲取智慧。其实，学生发现并指出教师的问题是很正常的，敢于质疑是学生会学习的表现。对此，如果教师板起面孔置之不理、不了了之或讽刺挖苦，一定会挫伤学生学习的积极性。教师对看似无知的勇敢承认，赢得了学生的信任，无形之中提高了教师在学生心目中的地位，也让学生看到了自己的优势，信心倍增地学习探索。

第二节 师生沟通的方式

师生沟通是一门艺术，教师在师生沟通中起着至关重要的作用。在拥有爱心、责任心和事业心的基础上，还需要了解掌握师生沟通的一般方式，才能在沟通中灵活运用。

一、面对面沟通

面对面沟通是师生沟通时最直接、最传统的方式。中国有句老话叫：有话当面说清。有些问题必须当面解决,但面对面的沟通,并不见得板着面孔,生硬地说教。师生可以采取聊天的方式,教师从学生感兴趣的事情入手,跟学生谈学习、谈生活、谈理想,这样既能了解学生的想法,又不至于把气氛搞得很紧张,很多事情往往就在这样不经意的聊天中轻而易举地解决。

当采取面对面沟通时,师生的空间位置关系有师坐生站、生坐师站、师生共站、师生共坐四种。教师往往在办公室里采用师坐生站的方式,在教室里采用生坐师站的方式,这两种沟通方式均不好,因为我们在师生沟通交流时尽量注意师生的平等,尽量多给学生一些尊重。在室外,教师应该采取师生共站的沟通方式,在室内采取师生共坐的沟通方式,这样沟通效果比较好。即使这样还应该注意许多位置关系,师生共站,师生共坐,彼此站的距离远近,坐的距离保持多远都会影响沟通的最终效果。

案例2-2-1 生生交流[1]

今天中午我找了几个学生谈谈心。

这次进来的是一个这学期刚转进我们班的女生——赵言意。我招呼她坐下,因为我们之间是平等的。我希望这次的谈心是开心及愉悦的,没有隐藏,没有拘束。

我问她是否还习惯这新学校的环境,觉得学习环境怎样,觉得这里的老师还好吗……她跟我聊了很多她对于这里的所感所想。接着,我继续问她和班里的同学处得怎样?她犹豫了一下,说道:"同学们都对我很好。我与他们也相处得很好,也很融洽。下课时也一起玩。"她说话的时候,我一直就看着她的眼睛。她感觉到了我的注视,停顿了一下,看着我的眼睛,说:"其实,我和我的同桌们的关系不是很好。"我不解。她继续说:"他们认为是我的到来把另外一个男生给赶走的。其实他是因为体育特长而被其他学校招走的。他们就联合起来不理我,上课时老师让我们讨论,他们也不顾我就三个人讨论。所以我也不太理他们。"

[1] 童心怡.生生交流[EB/OL]. http://www.docin.com/p-21015213.html, 2012.5.27.

同学之间闹矛盾，这是常有的事情，但是同学之间形成小团体，排除异己、制造对立，这对于同学之间的感情尤具杀伤力。当学生之间产生对立的情况时，学生自己首先就应和同学进行沟通，而不能互相避开对方。人际关系不仅仅存在于成人世界，在同学与同学之间也同样存在着人际关系的问题。同学之间同样也要注重沟通。

于是我建议赵言意找他们正式地好好谈谈。"让他们了解你和他们是同学，是朋友，同学之间要团结，要友爱……和他们说说你的想法以及想要和他们做朋友的希望，同时你也不要避开他们，可以时时有意无意地跟他们说说话，一起玩儿什么的……要让他们感受到你的诚意……"

第二个礼拜我再次进教室的时候，赵言意告诉我说，她和同桌们已经谈过了，现在大家的关系已经很好了。不再有排挤，不再有对立，不再有不和谐。

在案例 2-2-1 中，教师在和学生进行沟通的过程中，注意观察学生的表情，感受学生的情绪，从而进一步掌握了发生在学生身上的问题。可见，在面对面交流中，双方不但能够准确地掌握彼此的心理变化和情绪，而且还能够直接表达情感和意图，同时还有充分的时间来表达和沟通。

二、间接沟通

与学生的沟通并非只有直接接触一种，有时候，换一种间接的方式也能起到意想不到的效果。

例如，一个平常表现一直很好的学生，突然学习下降，或课上走神，此时，可找来和他要好的学生询问原因。如果只是一些不重要的原因，可以不再单独面谈，而是叫那位学生把教师的想法以及建议转达给当事学生。虽然没有面谈，但对于一些自觉性较高的学生，这种方法常常能立竿见影。再如，对某些性格比较内向敏感的学生，你如果一开始就找他谈话，会导致其不安紧张。此时，采用间接的方式就比较可行。或者利用一些机会到学生家中走走，与家长做礼节性交谈，互相了解学生的一些情况，同时增加彼此间的感情。

三、书面交流沟通

书面沟通是把沟通的内容写出来，这就会促使人们对自己要表达的东西更加认真地思考。因此，书面沟通不仅具有周密、逻辑性强、条理清楚等优点，同时还可以减少双方情绪、他人观点等因素对信息传达的影响。师生书面沟通一般包括书信沟通和作业沟通两种。

（一）书信沟通

书信是相距较远的两个人之间经常用于交流感情的一种文体，每天相见的人之间很少用书信交流。然而，如果将此作为师生沟通的桥梁，效果确是出乎意料的。

案例2-2-2　师生沟通典型案例[1]

小王曾是我校出了名的"特殊人物"。逃课、打人、顶撞老师样样在行，任凭老师吹胡子瞪眼他也不会有丝毫收敛。老师们一提起他个个摇头，"当了这种学生的班主任，真是倒了八辈子霉。""我宁愿教十个成绩差一点的学生，也不愿教他这样的一个"……同事们都有这样的想法。可是，这样的学生总得有人教呀，我还是接纳了他。

果然，开学的第一天，他就给我来了个下马威，竟然跳到了学校的围墙上，校长、老师、同学谁请他下来，他都置之不理。等我爬上去，他就跳下逃走了，等我下来了他又爬上去了，就像在捉迷藏似的。好不容易把他请进了办公室，他却使出了一副死猪不怕开水烫的架势，任凭怎么问，他就是一句也不开口。

我翻阅了大量文章，其中的"皮革马里翁效应"提到，教师如果能够真正地爱护学生，关心学生，那么学生就会如老师希望的那样进步。我深受启发，我决定以一颗真诚的心，去点燃他冷漠的心灵。可是，小王拒绝与我面对面地谈话，那能不能通过书信的方式来沟通，从而将我爱的信息传播给他呢？

于是，我第一次认真地给小王写了一封信："也许，你不愿和老师说话，但是，我很想和你成为好朋友，老师多么希望看到你变了，变成一个爱学习、懂道理的

---

[1]　师生沟通典型案例[EB/OL].http://wenku.baidu.com/view/14692718c5da50e2524d7f40.html，2012.5.25.

孩子……"我把信偷偷夹在他的语文书里。第二天我在校门口值班，他出乎意料地叫了我一声："王老师！"尽管声音很轻，但是我还是向他竖起了大拇指，微笑着回答了他。第三天一早，我发现办公桌上放着他的一封回信，信中有这样一句："王老师，从来没有老师喜欢过我，从来没有老师表扬过我，你是第一个……"我欣喜之极，这简单言语在我看来，字字闪着金光，那光，是爱的折射。我忙不迭地拿起笔来……

之后，我们就以写信这样一种特殊的方式进行交流，有时两天一封，有时一周一封。在信中，我倾听他的心声，解答他的疑虑，教育他做人的道理。慢慢地，我发现他开始进步了，和同学打架争吵少了，为班级做事多了；和老师顶撞少了，课堂积极举手多了；作业不做的时候少了，字写得好多了……那次家长接待日，孩子的妈妈握着成绩单激动地告诉我："这孩子，收到你的信后，高兴得睡不着觉，他把你信藏在枕头底下……"而今，小王已经毕业，每次与他相遇，他总是不忘叫一声"王老师"，这亲切的招呼声时常会激起我心中的阵阵涟漪。

从案例2-2-2中可以看出，书信交流增加了学生倾诉心声的机会，避免了面对面交谈的局促不安，又能与自己信任的教师进行心灵沟通，是一种既新鲜又亲切的沟通方式。有些学生不愿当面说出来或没有勇气说出来的话，可以在信里无顾忌地用纸和笔与教师谈心。这种沟通教师可能解到平日了解不到的情况，可能直接走入学生的内心世界，作为学生也会得到教师更为全面更为完备的帮助与指导。

（二）周记和作业沟通

周记就是让学生把他们的所思所想、所疑所问、不论何时何地碰到或想到的事，每周都做个记录，并和教师交流。在教师批阅时，似乎真的是在与学生交谈，是一种真诚的心灵对白，心与心的碰撞。通过周记，教师不但能及时掌握学生的情况，消灭一些隐性问题，而且还能拉近师生距离。

案例2-2-3　周记:师生沟通的桥梁[1]

曾有一位非常优秀的男生在周记里这样写道:"老师,我把你当成我的知己,我心中有一个秘密一直不好说,但我又无法回避。最近我的成绩下降,这我也知道,原因是:最近我眼睛一闭,脑海就出现了'她'的影子,眼睛一睁,眼前就浮现出'她'的微笑,我真的无法静下心来看书,我怕再这样下去,我无法控制自己,老师,我该怎么办呢?我知道我是在犯错!我真的对不起我的父母,对不起关心我的人,特别是你——我心中的恩师……"

班主任王老师看了之后,当时心里也没底,不知道怎么是好!经过一晚的思索,最后在周记中这样写道:"看了你的独白,我很感动。首先,你将心中的秘密告诉了老师,说明你心中有老师,你将老师当成了知己,可老师可能也帮不了你多大的忙,只能谈谈心中的想法,仅供你参考。说实话,老师祝贺你,因为你已成熟了,你长大了,你初步懂得'爱'别人的长处了。我是过来之人,我也有过你的年华,有过你现在的想法和感觉。我想只要是健康的人都会有你这样的想法。这是人正常的生理现象,根本不要自责。在这种情况下,有的同学是放弃自己的学习,单相思、胡思,而真正的有出息之人是将这种想法变为学习的动力。要想真正得到自己心爱的,必须要精心打造自己,必须要用知识武装自己,塑造自己,树立自己的威信。我们都知道,学生最大的威信还是来自学习成绩,如果你的成绩是一流的,将来考取了大学,你还怕得不到'她'吗?如果她考取了大学,而你没有考取,不如她,你能成功吗?你的想法只能是空想,你说对吗?现在我还是劝你,鼓足干劲,用双倍的努力,实现自己的'愿望'!我恐怕当你成功的那一天,你眼光会更高,你也许看不起昔日的'爱人'了。"

这名学生看过以后,好像变了一个人,学习劲头重新回到了过去,甚至比以前更努力,最后终于以优异的成绩考取了县中。

---

[1]　王俊.周记:师生沟通的桥梁[EB/OL].http://www.01ny.cn/forum.php?mod=viewthread&tid=1201646.

案例 2-2-3 中的这位班主任巧用周记，扫清了青春期学生的情感困扰，使这名学生回到正轨，投身学习，最终考入了理想的中学。作为教师，要有一定的敏感性，能够通过学生的周记捕捉一些信息，然后针对具体问题，写几句亲切、鼓励的话语，提几点具体、可行的要求，讲一讲真实的内心感受等，都可以引起学生的共鸣。要注意不应该在周记中说教，并且要为学生周记内容保密。久而久之，学生养成了愿意表达自己内心真实感受的习惯，更形成了和教师用心交流的习惯。

当然，每日批改的作业也不要只画几个对号或者错号，作业本上也可以留有恰当的批语，也会产生意想不到的效果。评语可以分为解答学生提问、与学生沟通感情、指正学生的缺点、指导学生学法四种。

案例2-2-4　作业评语——师生沟通的桥梁[1]

学生在学习过程中必然要产生大量的问题。有时，他们以为在课堂上听明白了，写作业又遇到了问题，于是我鼓励他们在作业本上提问题，这样既可以增加他们学知识的途径，又可以密切师生关系。这种方法适用于那些比较聪明并且善于发现自己学习漏洞的好学生。一次，一个学生在作业本上写道："老师，怎样理解用现在时表示将来？"在他的作业本上我以评语方式予以解答，首先肯定了他的这种做法，让他尝到了勇于提问的甜头，然后详细地解答了他的问题。我写道："善于提出问题的学生是聪明的学生。在英语中有几个词，如 come、go、leave 等，就用它们的进行时表示将来。"我发现从这以后，这个学生更加爱动脑筋了，凡事爱问、善问，更善于总结。还有一次，有学生问："现在进行时 be+v+ing 形式需要注意什么？"在他的作业本上我写道："真高兴你能注意到这些容易出错的地方，希望你以后多多地问问题。现在进行时要注意不要忘掉 be 动词，比方说"I playing basketball"就是经常出现的错误，am 通常被忘掉了。"第二天我发现我当堂做的关于现在进行时的练习他全部做对了，而且以后每学习一个新的语法项目他都会问问这个语法的

[1]　尹庆英.作业评语——师生沟通的桥梁[OB/EL].http://www.studa.net/Education/120115/10200728.html, 2012.5.25.

易错点在哪里，我也都通过评语给予耐心解答，使他的英语成绩有了很大的提高。

可见，作业是教学环节中不可缺少的一部分，只要老师处理妥当，它不仅能够让老师掌握学生的学习状况，清楚地了解学生的学习技能薄弱环节在哪里，而且还能架起老师和学生之间沟通的桥梁，弥补教师对学生耳提面命的不足。

四、电话及网络沟通

随着信息产业的不断发展，电话已经普及。因此通过电话进行沟通已经是很容易做到并且是很正常的了。教师的一个电话、一份关心，可以拉近与学生之间的距离感，更会赢得学生的尊重，学生也更愿意将自己内心的心里话与老师一倾而尽，沟通会有良好的效果。

图2-2-1

案例2-2-5 短信沟通一则[1]

学生短信：亲爱的邱老师，感谢您一年以来的教导，以后没英语课了，还是有点舍不得. 真的非常关心我们，就像大姐姐一样. 我比较调皮，让您费心了！祝老师工作顺利，身体健康，万事如意！——您永远的学生！

老师回复：读了你的短信，我非常感动。今后常联系，这样我也有机会向你们多多学习！谢谢你们的真诚与支持！你们是我人生当中最珍贵最亮丽的一道风景线，我为你们感到自豪！愿你们心想事成，幸福一生！

一个经常能通过电话与学生进行沟通的老师，一定是个在业务上认真、对学生负责的好老师，也更容易赢得学生的尊重，学生也更愿意把自己的心里话向这样的老师倾诉，师生沟通将会起到良好的效果。

随着当今互联网的日益发展，上网也成了学生业余生活的一部分。因此，教师可以利用网络的优势来与学生进行沟通。学生不是喜欢上网聊天吗？那好，教师就申请一

图2-2-2

[1] 邱元英.初中阶段的师生沟通问题及其策略研究[D]，2010.12、71.

个 QQ 号，建立一个学生群，主动了解学生的动态，及时和学生对话，这样师生沟通会更加自然。

五、问卷调查沟通

如果我们想集中了解学生们的某些情况的话，我们可以进行问卷调查，编制一些教师想要了解的问题，可以单独进行问卷调查，也可以借助测试，在卷子上印上一些想要调查的问题。单独调查采取无记名回答问题，这样学生可以畅所欲言，无所顾虑地发表意见。印在试卷上的问题，因为考试要留名的，这样可以了解一些学生个人的意见，便于教师对症下药。[1]

师生沟通调查问卷（学生卷）[2]

本次问卷调查不需要写姓名，请仔细阅读题目并认真填写，选择题可以多选，感谢您的合作！

性别＿＿＿＿＿年龄＿＿＿＿＿

1. 你觉得这所学校里的生活如何？（　　　）

A. 很有劲　　　　B. 比较有劲　　　　C. 没劲　　　　D. 说不清

E. 其他（请补充）

2. 有老师表扬过你吗？（　　　）

A. 没有　　　　B. 有，偶尔被表扬　　　C. 有，经常被表扬

3. 老师通常在什么场合表扬你？（　　　）

A. 上课的时候　　B. 下课在班级，有同学在的时候

C. 下课在班级，同学不在的时候　　　D. 在办公室，有其他老师在的时候

E. 在办公室，其他老师不在的时候　　　F. 家访的时候

---

[1]　刘美丽.中学师生沟通有效途径探索[D]，2010.

[2]　云想衣裳.师生沟通调查问卷（学生版）[EB/OL].http://blog.sina.com.cn/s/
blog_7327207d010150wn.html，2012.6.30.

G. 其他_____（请补充）

4. 老师批评过你吗？（　　　）

A. 没有　　　　　　　B. 有，但偶尔　　　　　C. 有，经常

5. 你最不能接受老师在什么场合批评你？（　　　）

A. 上课的时候　　　B. 下课在班级，有同学在的时候

C. 下课在班级，同学不在的时候　　　　D. 在办公室，有其他老师在的时候

E. 在办公室，其他老师不在的时候　　　　F. 家访的时候

G. 其他_____（请补充）

6. 老师当众批评你的时候，你心里有着怎样的感受？（　　　）

A. 愤怒　　　　　　B. 紧张　　　　　　C. 沮丧

D. 害怕　　　　　　E. 没什么特别的感觉　F. 烦躁

G. 反感　　　　　　H. 其他_____（请补充）

7. 老师当众批评你的同学时，你心里有着怎样的感受？（　　　）

A. 愤怒　　　　　　B. 兴奋　　　　　　C. 看热闹　　　D. 紧张

E. 沮丧　　　　　　F. 害怕　　　　　　G. 无所谓，反正不是骂我

H. 没什么特别的感觉　　　I. 其他_____（请描述一下这种感受）

8. 在与老师交谈中，你不能忍受老师的哪些行为？（　　　）

A. 不等你把话说完就打断你　　　B. 无论你说什么，老师都否定你的观点

C. 老师像专家一样给你列出很多指导意见

D. 老师在忙自己的事，好像没听到你在说什么

E. 老师总是误会你的意思

F. 老师和你争吵起来

G. 其他_____（请补充）

9. 老师找你谈话时，你经常表现为（　　　）

A. 积极与老师交流　　　B. 不表达自己的看法，干脆默不作声

C.打断老师说的话　　　D.开小差，想想其他的事情

　　E.故意和老师对着干　　　F.和老师争吵

　　G.其他＿＿＿＿＿＿＿＿＿＿（请补充）

10.平时上课时，最反感老师说以下哪些话？（　　　）

　　A.你必须……，你应该……　　　B.不要说话

　　C.如果你再……我就……　　　D.你看某某怎么样，你怎么不能学学人家

呢？

　　E.你真聪明　　　F.你怎么一点也不开窍？

　　G.算了，下次再说吧　　　H.把你的家长叫来

　　I.其他＿＿＿＿＿＿＿＿＿＿（请补充）

11.你认为当前老师与你的沟通情况如何？（　　　）

　　A.保持良好的沟通　　　B.不怎么沟通　　　　C.从不沟通

12.你认为师生良好的沟通在日常教学中的作用如何？（　　　）

　　A.起主导作用　　　B.有点作用，但影响不大　　　C.没有影响

13.你在学习、生活中遇到困难，你首先会找（　　　）

　　A.父母　　　B.老师　　　C.同学

　　D.朋友　　　E.陌生人　　　F.其他

14.你喜欢怎样的老师？（　　　）

　　A.对学生一视同仁　　　B.尊重学生人格

　　C.有创造性，思想跟得上时代　　　D.有幽默感

　　E.关心同学　　　F.衣着整洁

　　G.教学质量好、教学生动的老师　　　H.不拖堂

　　I.善于承认错误的老师　　J.努力提高自我修养、健全人格的老师

　　K.善于与学生沟通的老师L.其他＿＿＿＿＿＿＿＿＿＿（请补充）

15.你对你目前的师生关系是否满意？（　　　）

A. 很满意　　　　　B. 满意　　　C. 很不满意　　D. 不太满意

16. 你觉得老师有必要将下节课的内容提前与你做个沟通吗？（　　）

A. 必要　　　　　　B. 不必要　　　C. 说不清楚

17. 你认为青年教师具有哪些特点？（　　）

A. 经验不足　　　　B. 有亲和力　　C. 有幽默感

D. 认真负责　　　　E. 心高气傲　　G. 关心同学

H. 思想先进　　　　I. 其他_____（请补充）

18. 你认为青年教师在哪些方面需要提高？（　　）

A. 提高教学能力　　B. 公平对待学生　　C. 与学生多交流　　D. 理论学习

19. 你认为改善师生关系、加强师生沟通，教师可以做些什么？

20. 你认为改善师生关系、加强师生沟通，学生可以做些什么？

真诚感谢您的合作！

以上问卷是一份发给学生的师生沟通调查问卷。通过调查，教师可以真实地了解到非常有价值的意见。对于调查的情况，教师要认真对待，认真分析，把一些共性问题公开向学生解答，有些个别情况可以找相关学生单独交流沟通。这样师生之间就能有比较深入的了解，对于增进师生感情、改善教学都有很大的指导意义。

六、活动促进沟通

游戏是少年儿童最喜爱的活动，能和老师一起活动更是他们最开心的事，当然前提是老师真诚地、投入地参与他们的活动。和学生一起游戏是吸引学生、团结学生、引导学生、与学生沟通的一种重要手段，老师和学生一样兴高采烈，一样乐此不疲，一样斤斤计较，学生们就会把老师当成他们中的一员，当成他们的伙伴、朋友，沟通自然十分容易。

案例2-2-6　开展课外活动，促进师生交流[1]

在我校的艺术节中，有一个课本剧表演项目，我组织学生排演《小巷深处》，同学们热情高涨，群策群力。我帮学生写了课文改编的小话剧内容，他们积极参与修改，这个说加上动作，那个说换一换语言等，大家七嘴八舌，各抒己见，很快剧本成功。在以后的扮演中，他们更是刻苦认真，不停地背课文，练习，表演，可以看见孩子们的一丝不苟、认真执着的态度与平时的浮躁、坐立不安判若两人。在排演中，他们精心准备各种道具，不惜财力物力。在表演后，他们不停地问我：“老师，我们的节目入选了吗？”从中可以看见他们对于成功的渴望，对于生活的积极向上的内心世界。在这一活动中，我能感觉到孩子跟我走得更近，也更乐于接受我教的知识。

在运动会等活动中，我也亲力亲为，交给学生比赛知识，不失时机为学生加油鼓劲。在一次运动会上，我班学生徐玉龙在进行八百米长跑比赛中，不小心被对手踩跑了鞋，但他硬是咬紧牙关，一只脚穿鞋跑完了全程。我利用这个契机，在学生面前表扬他，并组织学生进行当场写作，本来各方面就相当出色的他在学生中的威望更高了，班级学生的荣誉感、凝聚力更强了。只要有班主任老师，甚至任课老师在旁边加油，学生就会倍感鼓舞，奋力拼搏，甚至会把老师的好带入以后的学习。比赛的结果或许不那么重要，但有老师参与的比赛过程却让学生难忘，那种无言的沟通影响深远。

在案例 2-2-6 中，学生把教师当作活动的一员，平等地交流、讨论，确实为师生沟通搭建了交流的平台。教师要恰当地利用这个氛围，充分参与到学生中去，做学生真正的“朋友”。

当然，除了上述沟通的方式之外，沟通的方法还有很多，比如课前在教室里、课后在走廊里、行走在道路上、活动在校园里、周末宿舍里等。这些沟通有随意性，

---

[1]　张巧花.开展课外活动，促进师生交流[EB/OL].http://www.cqxx.sjedu.cn/ztwz/xwgfzs/jyal/201204/331441.shtml，2012.5.26.

事先没有充分做准备，这就需要教师能随机应变，善于捕捉机会，及时进行有效沟通，但是这些沟通又是很自然的沟通，学生一般是没有戒备心理的，同时可以了解到一些真实的有价值的情况。教师可以用幽默风趣的话语和学生进行沟通交流，学生会乐意与教师敞开心扉地沟通，师生双方都可以获得成功沟通的喜悦。

第三节　师生有效沟通的影响因素及常见障碍

和谐、融洽、有效的师生沟通有助于教育教学，有助于学生身心发展和心理健康，也能改善教师的工作心境，加强教师对教育事业和学生的热爱，提升教育质量。教师在教育教学活动中 70% 的时间都在沟通，如果沟通中出现障碍，就会严重影响教育的有效性。

一、师生有效沟通的影响因素

师生沟通是发生在老师和学生之间的人际沟通，所以人际沟通的影响因素通常也会对师生沟通产生影响。主要因素有以下几个方面[1]：

（一）环境因素

1.物理环境(physical environment)

一般是指师生进行沟通的场所，包括环境的安静程度、光线、温度等。如环境中有很多噪音、光线不足、温度过高或过低等都会影响沟通过程中师生的心情以及沟通的效果。

(1)安静度(the level of silence)

环境安静是保证口语沟通的必备条件。在嘈杂的教室里上课和在安静的教室里上课的效果肯定是不一样的。环境中的噪音，如机器的轰鸣声、临街的喇叭声、电话铃声、开关门窗的碰撞声、嘈杂的脚步声、各种喧哗声以及与沟通无关的谈

[1]　冷晓红.人际沟通[M].北京：人民卫生出版社：2006：15—18.

笑声等都会影响沟通的正常进行。当沟通一方发出信息之后，外界的干扰可以导致信息失真，造成另一方无法接受信息或误解信息含义，发生沟通障碍。在第三章中特别对安静度对师生沟通的影响做了深入阐述。

(2) 舒适度(the level of comfort)

如果房间光线昏暗，师生看不清对方的表情，室温过高或过低，房间里气味难闻等都会影响沟通双方的注意力，从而影响沟通的效果。

(3) 相距度(the level of distance)

心理学家研究发现，根据沟通过程中保持的距离不同，沟通也会有不同的气氛背景。在较近距离内进行沟通，容易形成融洽合作的气氛。而当沟通距离较大时，则容易形成敌对或相互攻击的气氛。不仅如此，沟通的距离还会影响沟通的参与度。

2. 心理环境(psychological environment)

指人脑中对人的一切活动发生影响的环境事实，即对人的心理事件发生实际影响的环境。勒温以"实在是有影响的"这一原则为标准，认为不管是人意识到的事件，还是没有意识到的事件，如果它们成为心理的实在，都可影响人的行为。因此当时对个体发生实际影响的是准物理事实，而不是客观的物理事实。在沟通中如果缺乏保护隐私的条件，或因人际关系紧张导致的焦虑、恐惧情绪等都不利于沟通的进行。这点在师生沟通中尤其应该引起老师的注意，学生往往担心隐私得不到保护而不愿意和老师主动沟通。

(1) 隐蔽因素(confidential factor)：凡沟通内容涉及个人隐私时，若有其他无关人员在场，就会影响沟通。

(2) 背景因素(background factor)：是指沟通发生的环境或场景。沟通总是在一定的背景中发生的，任何形式的沟通都会受到各种环境背景的影响，包括沟通者的情绪、态度、关系等。如学生正在自由交谈，突然发现学校领导在旁边，就会马上改变交谈的内容和方式。

（二）个人因素

1. 心理因素 (psychological factor)

日常生活中，沟通活动常常受到人的认知、性格、情感、情绪等多种心理因素的影响，严重时可引起沟通障碍。

（1）情绪 (mood)

是指一种具有感染力的心理因素，可对沟通的有效性产生直接的影响。轻松愉快的正性情绪能增强一个人的沟通兴趣和能力；而生气、焦虑、烦躁等负性情绪可干扰一个人传递或接收信息的本能。当沟通者处于愤怒、激动、悲痛、伤感的状态时，对某些信息会出现失真反应、过度反应（超过应有程度）、误解反应、迟钝反应，从而影响沟通。

知识百科　唐太宗有一段时间，每天上完早朝后就会围着后花园走三圈，长孙皇后很奇怪，就问唐太宗是什么原因，太宗说："我怕错杀了魏徵这个乡巴佬。"因为魏徵这段时间老是在早朝上顶撞他，不给他面子，太宗心里很生气，真想把魏徵打一顿。他知道魏徵是对的，魏徵是为国家才顶撞他的，这种人是不能杀的。

唐太宗心里有情绪，但他通过"围着后花园走三圈"这种方式来释放自己的情绪，用现在的话说，唐太宗在对自己的情绪进行管理。

作为现代的教师，在与学生沟通的时候也要控制好自己的情绪。如果不能控制自己的情绪，就不要和学生进行沟通，因为这个时候不是在沟通，而是在发泄自己的情绪。沟通的目的就是让学生知道并理解你的意图，当你带着情绪与他们沟通的时候，学生往往会记住你的情绪而忽略你讲的内容。更严重的是你的情绪会影响他的情绪，让学生对你也有情绪，两个有情绪的人不是在沟通而是在吵架。因此，教师应有敏锐的观察力，及时发现隐藏在学生心里深处的情感。同时也要学会控制自己的情绪，以确保自己的情绪不妨碍有效沟通。

（2）个性 (personality)

是指个人对现实的态度和他的行为方式所表现出来的心理特征，是影响沟通的重要变量。一个人是否善于沟通，如何沟通，与他本身的个性密切相关。性格外向，拥有热情、直爽、健谈、开朗大方、善解人意特质的人易于与他人沟通。相反，性格内向，拥有固执、冷漠、拘谨、狭隘、性格孤僻、以自我为中心特质的人则很难与人正常沟通。

因此，无论属于哪一种类型的个性，作为教师都要避免个性中过于挑剔、冷漠、偏执的不良心理特征，与学生建立良好的沟通渠道。学生往往是先体验到老师的个性，喜欢上这个人，然后才喜欢上老师的课以及他所讲授的内容。

(3) 认知 (cognition)

是指一个人对待发生于周围环境中的事件所持的观点。由于个人的经历、教育程度和生活环境等不同，每个人的认知范围、深度、广度以及认知涉及的领域、专业都有差异。一般说来，知识水平越接近，知识面重叠程度越大（例如专业相同或相近），沟通时越容易互相理解。相反，沟通越困难。

教师和学生之间产生的各种关系实际上都是从教学关系衍生出来的。然而，教师和学生年龄差距、年代差距决定了他们之间在知识、经验、能力方面的差距。教师把自己的观点编译成信息符号的过程是在自己的知识和经验内进行的，同样，学生也只能在自己的知识和经验范围内对信息符号进行解释，如果传递的信息符号是在对方的知识范围之外，就会影响沟通效果，甚至造成无法沟通的局面。因此，师生之间也常常因为双方在认知上客观存在位差，而容易导致沟通不畅。

(4) 态度 (attitude)

是指人对其接触客观事物所持的相对稳定的心理倾向，并以各种不同的行为方式表现出来，它对人的行为具有指导作用。真心诚恳的态度有助于沟通的进行，缺乏实事求是的态度可造成沟通障碍，以至于无法达到有效沟通。从学生的角度来讲，他们往往希望老师能够以"朋友"的心态来"真诚"地和他们交往。

2. 身体因素 (body factor)

(1) 永久性的生理缺陷：包括感官功能不健全，如听力弱、视力障碍，甚至是聋哑、盲人及智力发育不健全，如弱智、痴呆等。有永久性生理缺陷的人其沟通能力将长期受到影响。

(2) 暂时性的生理不适：包括疼痛、饥饿、疲劳、气急等生理不适因素，这些因素容易使沟通者在沟通时难以集中精力，但当这些生理不适消失后，沟通又能正常进行。

3. 语言因素 (language factor)

由于客观事物和人的思想意念以及语言文字都非常复杂，这就使得语言文字的表达范围和人们使用它的能力都具有很大的局限性。于是，同一种事物、同一种意思会有很多的表达方式，同一种表达方式又会有多重意义。如何把话说得明白、适当、恰到好处，这就需要语言技巧。

4. 信息因素 (message factor)

信息内容也会影响沟通效果。例如：与个人利益相关的信息比无关痛痒的信息容易沟通；有前因后果的信息比孤立的信息容易沟通；传递的信息和个人隶属团体的价值观相一致时容易沟通；沟通的信息是好消息时，沟通一方乐意去告知另一方，另一方也乐意接受；沟通的信息是坏消息时，沟通一方就可能含糊其辞，或者试探性提问，使另一方不能接收信息的全部内容或理解信息内容。一般情况下，人们对信息的兴趣程度依次表现为：对人的问题最有兴趣，其次是事，再其次是理论。此外，信息的真实性对沟通的影响也十分重要。

（三）媒介因素 (media factor)

沟通媒介选择不当会造成沟通错误或无效。如果老师为了表述对某某同学的行为不满，可将同样的内容通过不同的沟通媒介表达——使用班会上公开批评或个别谈话的方式，两种方式会产生不同的效果，以至于对学生产生不同的教育意义。

（四）组织因素 (organizational factor)

学校通常是以班集体为基本的组织形式。学校各个职能部门通过班主任老师、老师再通过班干部来实现对班级的管理。组织因素又可以分为以下两种因素。

1. 传递层次因素(factor of transmission level)

信息传递的层次越多，失真的可能性越大。信息每多传递一次，就存在多丢失一分的可能。组织庞大，层次繁多，增加了人与人之间的距离，也增加了信息传递过程的诸多中间环节，造成信息传递速度减慢，甚至出现信息失真或流失。同时，组织内中间层次越多，越容易出现贯彻最高决策层的指令走样或力度不足的"深井现象"。因此，减少组织层次和信息传递环节，是保证沟通内容准确无误的根本措施。

2. 传递途径因素(factor of transmission route)

在传统的组织结构中，信息传递基本上是单向进行，机构安排很少考虑由下往上反映情况、提建议、商讨问题等沟通途径，常常出现信息传递或反馈不全面、不准确，上级的决策下级不理解或不感兴趣，下级的意见和建议上级无法接收的现象。因此，应从多方面增加沟通途径，畅通沟通渠道。

二、师生有效沟通的常见障碍

在师生沟通中，大致有价值判断、不变的立场、目的不明三种常见障碍。

(一)价值判断

价值判断是一种个人见解（正面的或负面的）的表达，它经常会堵塞信息流。教师必须小心地避免做价值判断。

举个例子，当教师和学生说："你现在的学习方法不会提高学习成绩"，这个观点可能是对的，但这样说可能会让教师失去提出意见的机会。因为学生有可能刚刚在学习方法上做了调整，听到教师的评价后，非常有可能为自己辩护，从而不愿意倾听教师的任何意见。

图2-3-1

案例2-3-1 一节课堂片段的实录[1]

一个学生在黑板上再现自己尝试计算14×12的竖式：

$$\begin{array}{r} 1\,4 \\ \times\ 1\,2 \\ \hline 1\,6\,8 \end{array}$$

学生的解释是：14×2得28，进2写8，14×1得14，加2写16，得168。

教师要求学生解释了两遍。（教师在思考学生的这个生成的"新"算法）

教师请学生回到座位上，接着问：他的数位对齐了吗？学生们表现得很茫然，（从零零落落地回答"没有"可知）。

教师从要对齐数位讲起了竖式：强调14和12数位对齐，先算2×4得8，再算10×2得20……

$$\begin{array}{r} 1\,4 \\ \times\ 1\,2 \\ \hline 2\,8 \\ 1\,4\quad \\ \hline 1\,6\,8 \end{array}$$

之后，又请学生比较演板学生和老师的两个竖式，让学生说说。有学生就说老师写得整齐。接着，老师问演板的学生是否接受老师的竖式，这个学生停顿一会儿回答"还可以"（勉强的语气和表情）。

事实上，这个学生用自己的方法计算出正确得数，并进行了合理的解释，可以判定：学生的这个算法是对的，它也是适合这个孩子的学习的。所以说，教师在教学过程中犯了两个错误：

一是在讲教学计划中的竖式计算时，回避课堂中生成的新算法。"回避"是执教教师在生成问题和教学计划产生冲突时采取的一种态度，说明教师对生成问题的无措施。教师希望课堂继续沿自己预设的计划进行，因此教师"身体力行"地

---

[1] 郁郁青山. 从课堂生成问题谈教师的"顺变"[EB/OL]. http://eblog.cersp.com/userlog16/29945/archives/2007/279722.shtml，2012.6.12.

讲了教学计划预设的竖式。可以判定：这种对课堂生成问题的应对处理，使支持学生探索学习的机会失去，也影响了学生探索精神的发展。

二是在比较两个竖式时，使学生接受教师的竖式。这无疑是想使学生接受"自己"的竖式，抛弃学生"发明"的竖式。显而易见，没有充分的理由，学生是不容易接受"自己的错误"的——从这个学生的勉强的语气和表情、从其他学生的疑惑表情可以了解。而在这里促使学生接受教师的竖式，只能是教师的"权威"使学生们接受，"以理服人"在这里没起到作用。

这两个处理体现了教师对学生思维和学习的实质性评价：演板学生的探索和研究遭到一定程度的否定，学生的探索学习受到一定的"打击"；其他学生在这个处理环境中感受的信息，会使他们以后收起自己的思维，而只去向老师学习就好。教师的操作实际上体现的评价效果对学生产生了负面的影响。学生的表现得不到积极的鼓励和支持，长此以往，以后的学习会是怎样呢？

同样，即便是正面的价值判断也会阻碍沟通。比如教师对学生提出表扬："你的课桌真是井井有条啊！"而学生恰恰对自己的书桌状态不满意，就会联想到表扬的话是不是教师的讽刺，沟通障碍由此产生。

案例2-3-2　廉价表扬可以休矣[1]

一次，一个学生计算3加4等于了8，老师没有批评这名学生，反而这样表扬他："你的答案很接近正确答案。"又一个学生做错了题目，他这样表扬学生："你错得很有价值，你给我们提供了一个话题，谢谢你！"

案例2-3-2中这种盲目的价值判断在当今的课堂教学中十分普遍，面对"棒棒棒，你真棒！"的赞扬方式，学生的反应是表情漠然，是厌烦与无奈。然而，教师工作常常涉及做价值判断，有时候不得不根据自己的知识和经验去判断学生表现的好与坏、错与对。但教师必须认识到，在和人打交道时，价值判断（尤其是负面的价值

---

[1] 翟运胜.廉价表扬可以休矣[N].中国教育报，2003（3）.

判断）往往会堵塞信息流。因此，在和学生接触的早期阶段，教师要有意识地克制自己，避免做价值判断。在不得不做出判断的时候，一定要注意客观、适度、适时的原则，这实际上也是向学生表明：教师不会盲目地下结论，而是在努力地了解自己。

（二）不变的立场

不变的立场是一种不灵活的态度，它限制了我们获取信息的能力。从自己不变的立场来听取和回应，会让对方采取防卫的态度。

案例2-3-3　教师要站在学生角度思考问题[1]

图2-3-2

在练习中有这样一道题："一个跑道长85米，每组5个人跑接力赛，每人跑一个往返，这个小组一共跑了多少米？"学生在完成练习以后，由于时间关系，我们没有请学生交流答案，而是讲解了自认为正确的答案：直接用85乘2，我的做法来自于我印象中的在电视画面中经常看到的接力棒赛，把这5个人分布在这个跑道中，那5个人的走一次"往"则是85米，"返"一次则再走85米，因此直接用85乘2来得出结果。对于其他做法，我没有听解释就给予了否定。结果，跟我的做法一样的只有2个人，错误的人占了大部分，当时，我还表示了不满。学生们的心里也很不是滋味，我能感到，他们在心里并不服气。

课结束，正好体育老师在办公室，我说起了接力赛，没想到，体育老师的接力赛与我印象中的完全不一样。他告诉我小朋友的接力赛是一个人往返跑一个来回，把棒交给另一个小朋友，按照体育老师的说法，那正确的做法是85乘2，算到一个小朋友的路程，再乘5，则为整个小组一共跑的米数。这样做很是合理。

案例2-3-3中教师的讲解不切合学生的生活实际，导致只有2个人的结果和他一致。遇到这种情况教师不但不反思，不听解释，反而独断专行地否定了大部分学生。作为教师，要多从学生的角度考虑，想想学生为什么会犯这样的错误，

---

[1]　三个火枪手.教师要站在学生角度思考问题[EB/OL]. http://blog.sina.com.cn/s/blog_645e770901012pyt.html, 2012.6.13.

不要很粗暴地去教训学生，而是要理解学生，进行换位思考。

案例2-3-4　教师要学会站在学生的立场考虑问题[1]

教授 12 和 16 的公因数时，教材中为了讲清两个或两个以上的数的公因数应该既是 16 的因数又是 12 的因数，出示了一道解决问题的题目。

题目：贮藏室的长为 16 分米，宽 12 分米，如果要用边长是整分米数的正方形地砖把贮藏室的地面铺满（使用的地砖都是整块）。可以选择边长是几分米的地砖？边长最大是几分米？

教材是想通过这道题让学生明白：选择的正方形地砖的边长必须是贮藏室长和宽公共的因数，从而引出公因数和最大公因数的概念。但通过我对本班学生的了解，我觉得有的孩子可能不太理解其中的道理，为什么所用正方形的地砖必须是长和宽的公因数呢？如果这一点孩子们不明白，那么后面有关最大公因数方面的应用题就会很成问题，所以为了突破这一难点，我先设计了一道练习题，让孩子对这一知识的学习呈现一个循序渐进的过程。在教学例题之前我出示了这样一道解决问题：

题目：一间贮藏室的长为 16 分米，宽 12 分米，如果要用长、宽为整分米数的地砖来铺地面（使用的地砖都是整块），那么可以选择什么样的地砖？

这种类型的题，学生以前有一些接触，而且来源于生活，学生比较容易理解。

师：今天，上新课之前，老师有一个生活中的难题，想请同学们帮我解决。（我出示了题目）先看看，老师可以选哪些尺寸的地砖呢？

大多数学生很感兴趣，都在认真思考。很快有学生举手，就连平时很不爱动脑筋的万新豪都举手了。我将大家的意见一一写了下来：

板书：

长（分米）	宽（分米）	块数
4	3	16
2	2	48
8	4	6
16	12	1
1	1	192
4	4	12

已经有了很多种答案了，但还是有很多学生举手想说，这时，我提了这样一个问题：只要符合什么条件的地砖都是可以的呢？

生：只要长是 16 的因数，宽是 12 的因数的砖都是可以的。

---

[1]　王军.教师要学会站在学生的立场考虑问题[EB/OLE].http://xx41.dfedu.com/shownews.asp?news_id=250，2012.6.13.

师：为什么？

生：因为这样铺出来的地砖就是整块的。

只要学生能体会到这个关系，那么下面的公因数就好理解了。紧接着我出示了书上的解决问题：

题目：贮藏室的长为 16 分米，宽 12 分米，如果要用边长是整分米数的正方形地砖把贮藏室的地面铺满（使用的地砖都是整块）。可以选择边长是几分米的地砖？边长最大是几分米？

师：大家先看第一问，可以选择边长是几分米的地砖？

这次选的地砖和上一道题中的有什么不同？

生：这次只能是正方形的，而上一题长方形、正方形都可以。

师：同学们看看，我们可以选什么规格的地砖？

生：表中只要是长和宽一样的都可以。

长（分米）	宽（分米）	块数
1	1	192
2	2	48
4	4	12

由于有了前面的铺垫，同学们得出结论是水到渠成的。

从表格里的数据来看，可以选择边长是 1 分米、2 分米和 4 分米的地砖，其中边长最大的是 4 分米。

为了引出公因数和最大公因数，我提出了这样的问题：

师：同学们观察一下所铺的正方形地砖的边长与贮藏室的长和宽有什么关系吗？

（学生很容易发现所铺地砖的边长必须是贮藏室的长和宽公有的因数，因为这时贮藏室的长和宽都必须是地砖边长的倍数，这样才能保证使用的地砖都是整块的。）

就这样，这个让学生们不太好理解的问题，却迎刃而解了，有了这道题的铺垫，学生们在解后面有关最大公因数的应用题时就比较顺手了。

教师必须承认这样一个事实：成人和孩子看待同一事物的角度是不同的，教师能获取知识，在看待教材内容时是俯视，孩子受生活经验和知识储备的局限，学习知识是仰视，所以对同一内容难易程度的感受是不同的。教师认为简单的内容，学生不一定觉得简单。所以，如果用成人的眼光来看待学生和教学内容，往往会偏离学生现有的认知水平，把自己的意愿强加给学生，反而会造成学生主体性的缺失。

所以，教师不是把知识和经验强加给学生，而是应该在了解"学生是如何理解的"、"他们在哪个层次上"的基础上，去寻找有效的方法帮助学生们跨过障碍。也就是说，教师只有换位思考，才能更加准确地了解学生的现有水平、思维方式与所教内容之间的契合点，才能深入学生的心灵深处，了解学生的真实想法和感受，体会到学生面临的种种困难，从而从感情上对学生多一些宽容和关爱，在知识与能力方面让每一位学生都能获得最大的发展。

（三）目的不明

没有清楚地阐明目的的沟通是没有建设性的，这是沟通的另一个障碍。对方会不清楚你是否要和他解决某个问题，或到底要他做什么。如果学生感到糊涂，一方面他不会敞开，另一方面与沟通目的背道而驰。

案例2-3-5　你有教师职业唠叨综合征吗[1]

某学生早晨喝完牛奶，就随手从窗户往下扔空牛奶盒子，正巧打着了楼下的一位学生。事情闹到了老师那里，乱扔盒子的学生被班主任叫到了办公室。班主任就连连质问、斥责，由纸盒到铁盒到砖块到人命到……说了一大堆，越说越严重，越说越玄乎。还翻出了以前该学生的不良记录，似乎还不满足，仍想继续"发挥"。学生觉得冤枉委屈，不过是犯了个小小的错误，无形之中被老师给扩大化了，这明明就是导火索，老师的怨气终于有地方发泄了。

图2-3-3

[1]　你有教师职业唠叨综合征吗? [EB/OL].http://blog.ntjy.net/articles/24199，2012.6.18.

在某些时候，老师太多、太随意的"发挥"，就成了啰唆，变成了"过度"教育，使原本简单的教育变得复杂起来，成为对学生的一种新的伤害。教师千万不能忘记"蝴蝶效应"，一件表面上看来毫无关系、非常微小的事情，可能带来巨大的改变。一件很小的事情，一个很简单的问题，处理不当，恶性循环，也可能导致非常严重的后果。

名人名言　有效的沟通取决于沟通者对议题的充分掌握，而非措辞的甜美。

——葛洛夫

其实，要明确沟通的目的很简单，你想要通过沟通解决的问题就是沟通的目的。明确了沟通的目的之后，也就有了沟通的目标，要获得理想沟通的效果就会变得非常简单。所以，要养成在与人沟通之前首先思考沟通的目的的习惯，使自己所讲的话有明确的目标，这样你所讲的话都会围绕着如何达成这一目标而展开，就事论事，不仅最容易达成理想的沟通效果，还可以避免反之而带来的很多弊端。

学以致用

1. 在案例2-1和2-2中，两名教师形成了鲜明的对比（如图）。请根据所学内容，丰富以下表格。

老师1	老师2
无同情心	热情真诚地接纳
不予接纳	交友
责备、训斥	同感
惩罚	倾听、鼓励
不良的沟通关系	良好的沟通关系

图2-1

2. 在你和学生沟通过程中发生过哪些障碍？请分析产生障碍的原因并提出解决方案。

第三章　课堂管理中的师生沟通

"麻雀虽小，五脏俱全"，课堂是社会的"微缩模型"，也是教书育人的"主战场"。在这个"小社会"中，教师承担着最重要的使命——课堂教学。而课堂管理作为课堂教学的基本要素之一，能否充分发挥局部带动整体的作用，关键取决于师生之间的有效沟通。不能进行有效沟通，就不能形成良好和谐的课堂环境，更谈不上教学目的的实现了。其实，许多教师并非不想和学生做有效沟通，而是没有这方面的系统思考。而"世界上最难以理解的事情就是：事情是可以理解的"，如果你愿意去"理解"，并且能够用心去"理解"，你会发现课堂管理中的师生沟通似乎并不是那么令人头痛。

目标导航

了解：不同取向下的课堂管理；课堂管理要素。

熟悉：课堂管理理论；课堂管理中常见的师生沟通问题。

掌握：课堂管理中的师生沟通策略。

情景再现

案例3-1　你总是心太"冷"[1]

在一节研讨课上，授课教师正引导学生用刚学到的"可能性"的知识来判断生活中的确定与不确定现象。突然，意想不到的事情发生了，一名学生因为没坐稳，

[1]　赖星星.课堂突发事件处理案例[EB/OL].http://course.zjnu.cn/xkaljx/new/alBBS/ShowPost.asp?PostID=1514, 2012.6.4.

连椅子一起摔在了地上。授课教师与摔倒的那位同学近在咫尺。那位同学急忙而又慌张地站起来，脸通红通红的。课堂里顿时静悄悄的，所有的学生和听课的老师都屏住呼吸，等待授课教师的处理。可是只见他看也没看，好像根本就不知道一样，不动声色地继续下面的教学……

案例3-2 和谐音乐课堂，从沟通开始[1]

一名音乐教师回忆：有一天上课时，某学生的铁铅笔盒突然掉在地上，发出了很大的声响，全班同学的目光都集中到了这名同学身上，这位学生脸红得像个番茄，很多学生大笑起来。我这时灵机一动："天啊，这位同学真是个歌唱家啊，把他的铅笔盒也教会唱歌了呀？你们的铅笔盒会不会唱歌呢？"于是，铁铅笔盒在学生的笑声中成了独特的伴奏乐器，合着学生愉快地歌唱，很有节奏地叮叮当当。而这位掉铅笔盒的同学不但不尴尬了，反而学得更认真、更起劲儿了。

第一节 课堂管理理论概述

课堂管理是课堂教学有序进行的保障，是为达到良好的课堂教学效果服务的，根据一些调查研究，教师在课堂教学中实际用于传授知识的时间大约只有一半，其余的时间要用在课堂的组织和管理工作上。因此，对课堂管理理论的理解和把握是进行师生沟通的重要理论基础。

一、不同价值取向下的课堂管理

"世界上没有两片完全相同的树叶"，同样，不同的人对课堂管理就会有不同的认识，不同的人就会赋予课堂管理不同的意义，从而得到许多歧义悬殊的课堂管理定义，不同的定义又体现出学者们对课堂管理的不同取向或价值倾向，总体上表现为三种：

---

[1] 天使在唱歌.和谐音乐课堂，从沟通开始[EB/OL].http://blog.sina.com.cn/s/blog_669ee7180100mxv7.html, 2012.6.5.

（一）功能性取向

"课堂管理是建立和维持课堂群体，以达成教育目标的历程。"[1] "课堂管理是指教师管理教学情境，掌握并指导学生学习行为，控制教学过程，以达成教学目标的技术或艺术"。[2] 可见，功能性取向着眼于管理的标准，侧重于计划与规范。

（二）行为改变取向

"课堂管理是指一套旨在促使学生合作和参与课堂活动的教师行为与活动，其范围包括物理环境的创设、课堂秩序的建立和维持、学生问题行为的处理、学生责任感的培养和学习的指导。"[3] "课堂管理是为了实现教育目标而处理或指导课堂活动所特别涉及的问题，如纪律、民主方式、教学资料、环境布置及学生社会关系。"[4] 可见，行为改变取向偏重行为的控制和纪律的维持，注重运用强化和惩罚。

案例3-1-1 体育课的课堂规则[5]

在三年级的一节课上，当我正津津有味地给学生讲解蹲踞式跳远的技术动作的时候，却发现有几个学生在队伍后面说话、哄闹，周围几个学生的注意力也被他们的吵闹声吸引过去。开始是几个学生围观，后来发展到大部分学生都在围观。看到学生居然无视课堂纪律，公然破坏课堂气氛，我当时非常生气。

我马上做出一副生气的样子，瞪着眼看着那两个说话、哄闹的学生，点名让违反纪律的学生站到队伍的外面，并且说："学期开始的时候，我就跟你们讲过，上课讲话要举手，随便讲话、哄闹就要到队伍外面反思。"看到我生气的样子，他

[1] JohnsenLV, BanyMA. Classroom Management[M]. New York：Macmillan. 1970.

[2] 吴清山等. 班级经营[M]. 台北：台湾心理出版有限公司，1990.

[3] EmmerET. Classroom Managemem. In Dunkid M.ED.The International Encyclopedia of Teaching and Teacher Education[M]. Oxford：PergamonPress, 1987：437.

[4] Good C V. Dictionary of Education[M]. New York：McGramhill Book Company, 1973：102.

[5] 碧水青山.设立与执行课堂规则[EB/OL].http://blog.sina.com.cn/s/blog_751e8e9e0100pnr6.html，2012.6.5

们乖乖地站到队伍的外面。

这样做是让违纪的学生迅速得到惩罚，同时让其余的学生知道我在监控着他们，让他们知道课堂规则是必须遵守的，避免更多的学生参与其中，从而影响课堂的顺利进行。因为在学期开始的时候，我在室内课上就给他们讲过"上课不能随便讲话，有问题要举手"的课堂规则。

点名让他们出列后，他们两个站在那里一动不动，非常认真地在听讲。其他学生看到我把他们两个叫到队伍外面，都立刻做出一副非常守纪律的样子，课堂秩序马上就恢复正常。

案例 3-1-1 中的教师根据一定的课堂规则，运用一定的惩罚措施来维持课堂秩序，以达到教学目标的实现。可见，传统的课堂管理大多是功能性取向和行为改变取向下的课堂管理。

（三）人际互动取向

"课堂管理是教师通过协调课堂内的各种教学因素而有效地实现预定教学目标的过程。"[1] "课堂管理是指教师为了保证课堂教学的秩序和效益,协调课堂中人与事、时间与空间等各种因素及其关系的过程。"[2] "课堂管理是建立适宜课堂环境,保持课堂互动,促进课堂生长的历程。"[3] 可见，人际互动取向多以心理学理论为基础，重视个人的主观感受，注重教师行为对学生情意方面的影响。

随着新一轮课程改革的推进，人们对学生主体愈加尊重，人际互动取向越来越受到人们的重视。课堂管理倾向于教师通过协调课堂的各种因素，建立健康和谐的人际关系，创设适宜的课堂环境，促进师生之间的互动，确保教学目标的顺利实现，并最终促进学生的自我发展。

---

[1] 田慧生等. 教学论[M].石家庄：河北教育出版社, 1996：332.

[2] 施良方等主编. 教学理论：课堂教学的原理、策略与研究[M].上海：华东师范大学出版社, 1999：279.

[3] 陈时见. 课堂管理论[M].桂林：广西师范大学出版社, 2002：3.

二、课堂管理要素

课堂管理包括课堂管理主体、课堂管理客体及课堂管理内容三个要素。

（一）课堂管理主体

课堂管理主体包括教师和学生。现代教育理论认为，课堂中教师和学生是平行的双主体，课堂管理的主体应同时包含学生和教师这两个课堂中最重要的要素。

（二）课堂管理客体

课堂管理客体包括三个要素：时间、环境和学生。

1. 时间管理

课堂管理是发生在特定的时空条件当中的，学校课堂的时间限制决定了课堂管理的特殊性，课堂管理必须将时间管理纳入其中并作为一项重要内容。

2. 环境管理

课堂管理发生在教室这个特定的空间当中，课堂管理产生于其中的空间条件即课堂环境，包括物理环境和心理环境。

(1) 物理环境，指物质层面的环境，如课堂内桌凳的摆放方式与方位，课堂内的采光通风条件，教室的整洁度，墙面的布置，教学设备的放置等。

(2) 心理环境，包括师生的心境、教和学的态度、教学中的情绪体验、师生关系等。课堂教学氛围一般可分为三种基本类型：一是支持型气氛，即积极、健康、生动活泼的心理氛围；二是防卫型气氛，即消极、冷漠、沉闷的课堂气氛；三是对立型气氛，即紧张、对立、喧闹的课堂氛围，其中支持型气氛最有利于课堂管理活动的展开，而对立型气氛对课堂管理活动具有最坏的影响。

3. 学生管理

学生是课堂管理中最重要的因素，处于特殊的地位。一般意义上，学生既是管理的主体同时也是管理的对象。"寸有所长，尺有所短"，学生之间的差异是客观存在的，在课堂管理中应照顾到学生个性的差异，而不应像花匠修理花草那样只讲求整齐划一。

（三）课堂管理中介——规则

课堂规则是依靠教育管理者的权威制订并实施的行为准则。不可否认，课堂需要规范，因为课堂不仅是学生学习科学文化知识的场所，也是其社会性的形成和发展的场所。在基础教育阶段，学生尚不具备自我管理能力，尚未达到自律、慎独的境界，需要外力来适当束缚其不合理的行为，以保障其身心健康成长。

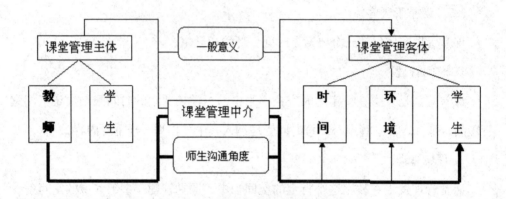

图3-1-1　课堂管理要素及关系

如图 3-1-1 所示，课堂管理的研究十分广阔，而这里只是从师生沟通角度，围绕教师与学生这一条主线进行研究。需要说明的是，尽管只研究教师与学生之间的人际关系，但课堂作为一个系统，环境的管理对于师生沟通有不可忽视的作用，这一点在后面会涉及到。

三、几种典型的课堂管理理论

"无规矩不成方圆"，所有的教师都希望自己的课堂井然有序、氛围和谐，没有纪律和秩序的课堂不但会分散学生的注意力，还会造成教师的挫败感、倦怠感。在这里，我们给大家介绍几种国外的课堂纪律管理理论，让大家从更深刻的角度来认识课堂纪律管理中的师生沟通。

（一）果断纪律理论

果断纪律理论是由 L. 坎特和 M. 坎特 (L.Canter & M.Canter) 于 1976 年提出的。他们主张，教师负有管理课堂的责任，应该充满自信和拥有权威，能向学生明确而果断地提出其期望和要求，确切地告诉学生什么行为是可以接受的，什么行为是不能被接受的，确定有效的管理方法并伴随相应的行动。[1]

果断纪律理论认为，学生的正当行为实际上是一个选择问题，只要想做好，所有的学生都能表现出正当行为。因此要用行为规则规范学生的行为，要求教师从一开始就建立并让学生了解行为规则以及遵守行为规则的积极后果和不遵守规则的消极后果，这样让学生学会选择并对自己的选择负责。学生如果遵循了行为规则，就会得到积极的结果，如物质奖励、特别的优待等；如果破坏了行为规则，就会得到相应的消极结果，如下课后滞留、被剥夺自由时间、送到学校办公室等，但教师不宜通过威胁方式强迫学生遵守规则和接受不遵守规则的相应后果。对有问题行为的学生，教师应避免与其发生正面冲突，而只需自信、平和地指出学生行为的后果，直到学生终止其问题行为。

果断纪律理论有助于迅速处理学生的行为问题，也有利于学生行为的预防性控制，对于提高课堂管理功效起到明显的作用。但这种理论模式过于强硬，它过于注重对学生行为问题的控制，尤其是强调外在的强化和惩罚对问题行为的控制，而忽视了行为内在动机的作用。因此，学生往往是机械地遵守行为规则，而没有发展其自我解决行为问题的能力；学生往往依赖教师的督导，而没有培养对自己行为负责的责任感；学生往往接受更多的惩罚，而没有培植积极正向的课堂气氛。所以，果断纪律理论一直既受到教师广泛的欢迎，又受到教师们强烈的批评。

（二）涟漪效应理论

涟漪效应理论是由 T. 库宁（J.Kounin）于 1970 年提出的，也称库宁理论，它注重行为的群体动力特征。

这种理论认为，当教师纠正一名学生的不正当行为时，这种纠正常常会对周围学生产生一种涟漪效应（ripple effect），甚至对整个群体产生影响。当课堂中出现不良行为时，可以通过涟漪效应避免今后发生同样或类似行为问题。教师

---

[1]　陈时见. 课堂管理论[M].桂林：广西师范大学出版社，2002：82.

应对有问题行为的学生做出明确的辨认，而且清楚他们哪些地方错了，应该怎么做，而不是对问题行为给予简单的惩罚。这一理论还强调移动管理(movement management)的重要性。也就是说，教师必须关心课业流程，具备促进课业顺利过渡的能力，学生因忙于课业就不大可能出现行为问题。

库宁理论在预防违纪行为方面做出了重要贡献，它使教师们对教学与纪律之间紧密的联系给予了更多的关注。他的建议显著地降低了课堂违纪行为的发生，但是即便在最良好的课堂环境中违纪行为依然会发生，而库宁却没能对课堂纪律被破坏时教师应该采取的行动提出解决的办法，这是其理论的不足。

（三）目标导向理论

目标导向理论是著名心理学家、行为学家鲁道夫·德雷克斯(R.Dreikurs)于上世纪80年代初提出的。德雷克斯认为，所有学生的行为都有其特定的基本目标，学生总想获得认可，其行为也倾向于达到这一目标。学生出现不当行为，主要是为了追求某种目的，或者是因为某种错误的目的。[1] 错误的目的主要有四种：

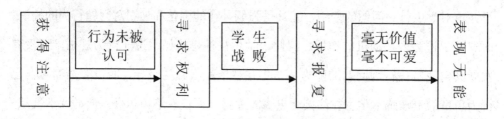

图3-1-2　目标导向理论下学生的四种错误目的

一是寻求注意。当学生发现自己无法得到所需要的认可时，他们会转而以不良行为来获得注意。如果得到教师的注意，他们就会表现得很好；如果忽略了这种"获得注意"的需要，他们就可能转向不被接纳的方式来引起注意；如果获得注意的行为没有使学生获得认可，他们将会转向下一个错误目标——寻求权力。

二是寻求权力。寻求权力的学生觉得要想获得他们想要的东西，唯一的方法就是对抗成人。这种对权力的需求通过争辩、反驳、说谎、发脾气和攻击等方式

---

[1]　屠荣生、唐思群.师生沟通的艺术[M].北京：教育科学出版社，2007：142-143.

表现出来。如果这些学生能使教师迎战，他们就感到自己已经赢了；如果他们在权力战斗中输了，就会转变到更严重的不良行为——寻求报复。

三是寻求报复。由于前两种目标没有达到，学生的错误目标就变成：只要我有力量去伤害别人，我就会变得重要。实际上，他们是通过伤害别人来补偿自己受伤的心灵。他们觉得惹的麻烦越大，自己觉得越光荣，并认为越被讨厌胜利就越大。其实，在虚张声势的勇气之下学生自己也有一种挫败感，他们渐渐地感到自己毫无价值和毫不可爱，这些感觉会使他们退缩到下一个错误目标——表现无能。

四是表现无能。到了此阶段，学生会觉得自己是无能的，并认为是完全的失败者，没有必要再去做新的尝试。他们会退出任何增加失败感的情境，以保持自己残留的一些自尊心。有这种目标的学生会"装聋作哑"，对教室里的各种活动他们毫无兴趣，非常被动，甚至拒绝参加。

案例3-1-2　"中计"的教师[1]

给五年一班的学生上汉语课之前，就听他们的班主任和课任老师说这个班是学校出了名的调皮班。因此开始给这个班上课时，我板起脸孔，向学生约法三章：课堂上不许这样，不许那样……课堂开始很肃静。当课程进行到一半时，学生们开始坐不住了，开始和周围的同学说话。可是当我提问题时，竟然没有一个学生回答问题。我火了："学语言是需要开口的，怎么你们都变成哑巴了？"这时，学生才说："老师，你不是规定我们上课不许说话吗？"我心里羞愧，但还是强辩说："是叫你们不要乱说话，不是叫你们不回答问题呀！"学生抗议："哪有这样不讲道理的老师？"有个平时最调皮的学生尖叫起来，惹得全班哄堂大笑。我一气之下，把他拉到教室外，把门关上，不让他听课。教室里的学生都成为"小木头人"，一动不动地听课。我提问一个学生，当我喊到他的名字时，他竟然吓得浑身发抖。

---

[1]　黄长斌.课堂管理案例分析[EB/OL]. http://ishare.iask.sina.com.cn/f/22221685. html, 2012.6.5.

案例 3-1-2 反映了学生的四种错误目的：公布规则后学生的沉默——教师发火后学生的反抗——教师狡辩后学生的报复——教师惩罚后学生的无能。教师一系列课堂管理的失误归因于对目标导向理论认识不清。实际上，目标导向理论模式主张纪律是一种内在控制而非外力的限制，反对强制性地制止学生的不良行为，而强调从学生的内心滋生出责任感，让学生自己选择，强调相互尊重，鼓励学生自身的努力，倡导民主型的教师。

（四）现实疗法理论

现实疗法理论又称格拉塞理论，是由格拉塞(W.Glasser)于上世纪 60 年代中后期创立的。他认为，认同的需要是学生行为的动力。学生的不良行为就是学生未能获得成功认同的直接结果。

这一理论也非常强调学生的责任。要求学生对自己的行为负责，必须承担其导致的任何消极后果。学生是一种理性的存在，但他们必须得到教师的指导，在教师指导下做出良好的选择，从而成为能满足其真正现实需要的负责任的个体。因而这一理论也强调建立和强化课堂行为准则的重要性。学生产生不良行为的任何借口都是不能接受的。课堂规则和学生行为的处理应通过一种特殊的过程——班会(classroom meeting)来建立。在班会过程中，教师是民主的促进者，而不是权威。所有的决定都通过多数原则来确立。当规则需要调整或遇到特殊情况时，要通过新的班会讨论来修订。

现实疗法理论模式强调学生对自己的行为负有责任，注重价值判断，强调对良好行为的选择能力，有助于培养学生的独立性和判断力；强调对问题行为的明确界定，并根据界定，确定具体而明确的改正计划，增强了课堂行为管理的计划性和切实性；强调班会的作用，注重包括具有问题行为的学生在内的全体学生的共同讨论，有助于培养学生的积极情感和合作精神。但这一模式在实施过程中要求具体而彻底，因而耗费时间较长，要求教师要有充分的耐心和持久力，因而对教师是一种长时间的考验。

（五）和谐沟通理论

在第一章中我们已经对和谐沟通理论有了初步的了解，在本章中主要从课堂管理的角度做更详细、更深入的介绍。和谐沟通理论是由托马斯·高尔顿（(J. Gordon)于1974年提出的，它相信教师可以通过明确而友善的交流控制不良行为，因而教师必须放弃其作为权威人物的角色，应以友善、自由的方式同学生讨论分歧，而不宜强迫学生。

高尔顿认为，有些教师常常通过"你信息"（your-message）攻击学生，如"你很笨"、"你很懒"等，而采用这种对抗方式来接近学生，反而很难改变学生的行为。相反，改变学生行为的最好办法是通过"我信息"（i-message），如"作为教师，我对你的行为感到生气，我对你的行为感到失望"等。教师通过传达一种"我信息"告诉学生其对问题情境的感受及其对学生正当行为的要求。如果"我信息"未能改变问题情境，这时教师要采用一种"不迷失策略"，让教师与学生进行平等交流与协商（如图3-1-3）。

高尔顿理论注重学生的潜能与理性，强调温暖、支持和接纳的环境及教师关怀、理解和信任的态度，强调学生自制自律的品性，注重以民主方式制订课堂规则，关注学生的参与和责任感，维持良好的师生关系。但对于年龄太小或发展迟缓的学生，难以达到其要求，因而不能适用于各种冲突情境。同时，教师与学生沟通需要大量的时间。在现阶段，大多数的中国初中课堂还是几十个学生挤在一个教室里，一个教师面对好几十个学生，完全依凭沟通，会影响教学活动的正常进行。

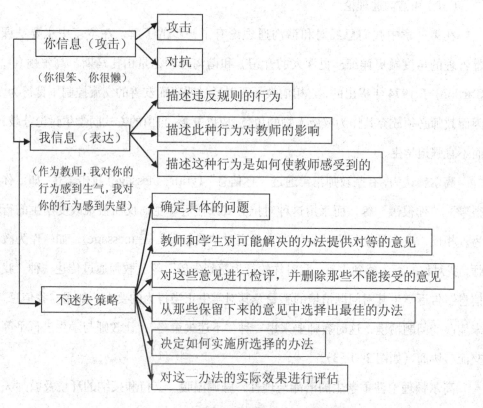

图3-1-3 教师传达信息的三种方式

以上五种不同的管理理论，从各个不同侧面对课堂管理中涉及到的不同因素做了强调，如果断纪律理论和现实疗法理论都强调教师行为对学生的影响，但不同的课程要求教师采取不同的行为，它们同样强调学生因素，如学生的责任意识；涟漪效应理论和和谐沟通理论在强调教师因素和学生因素的同时，更关注这些因素所构建的课堂环境；目标导向理论更关注课程的培养目标对学生自身的影响。当然，每种理论均有其特定的适用对象和使用范围，我们不能指望任何一种理论能适用于各种不同的课堂情景。在课堂管理过程中，进行师生沟通或制订师生沟通有关策略时，需要我们兼收并蓄各种理论的合理成分，针对课堂管理的实际，有选择地加以采用。

第二节　课堂管理中师生沟通的常见问题

　　课堂管理中的师生沟通是一门艺术,它既可以消弭师生之间的隔阂,实现和谐,又可以让强制与被动转化为关心与激情。相反,无效的师生沟通不但会影响课堂纪律,降低教学效率,而且会破坏师生关系。

一、课堂管理中师生沟通不良的表现

　　有效的师生沟通是课堂管理的助推器。然而,在实际的课堂管理中,无效沟通的现象比比皆是,通常表现为沟通不能(不想沟通和不会沟通)和不平等沟通两种情况以及"静"、"乱"、"逆"三种极端的课堂状态。

　　(一)静

　　漫画3-2-1充分体现了课堂中的"进化理论"——由于教师在课堂中长期使用嘴,而不使用眼睛和耳朵,导致眼睛和耳朵不断退化,嘴不断进化,导致嘴最发达,最后只剩下嘴,眼睛和耳朵都消失了;相反,学生

图3-2-1

在课堂中长期使用耳朵,而不使用嘴和眼睛,使嘴和眼睛不断退化,耳朵不断进化,导致耳朵最发达,到以后只剩下耳朵,眼睛和嘴都消失了。

　　实际上,在现今的课堂中也不乏图3-2-1描述的"教师自说自话,学生全盘吸收,教师和学生达不到有效沟通"的现象。

案例3-2-1　静,不是课堂守则[1]

　　到某地一所颇有名气的学校听课,一进教室,我就看到前黑板上方赫然张贴着一个大大的黑体"静"字,后黑板上方剪贴着一条五彩的字:"神圣的课堂永远是安静的。"无疑,"静",是这个班级的文化,它体现了学生课堂学习的纪律特点

---

[1]　严丽蓉.静,不是课堂守则[N].中国教师报,2009-04-09.

和要求。

自然，在我们一行人听课的过程中，该班的课堂纪律确实很好。即使学生分组讨论问题，也是"秩序井然"，丝毫没有闹哄哄的景象。这时，我反生出一种异样来，感觉学生的"窃窃私语"是那样的小心，那样的压抑，全然没有一种生命活力的自由绽放。

下课了，我问身旁的一位男同学："你喜欢你班课堂的安静吗？"他犹豫了一下，连连摇头："太安静了，有时我受不了。"是啊，正值青春年少的他们，精力充沛，活泼好动，我们怎能因不放心学生的自主学习，固守传统的教学方式而束缚他们的个性，逼着他们去片面接受所谓的"学须静也"的古训呢？

传统的教育理念常常将课堂的安静视为教师能力的表现，而教师也总是以此为荣。确实，我们的课堂需要安静——老师释疑解惑时，学生回答问题时，都需要大家的倾听，这是集中学生注意力、保证课堂教学有效进行的必然要求。但是，安静的课堂并非就能达到教学的高效率，并非总能充分发挥学生的积极性。事实上，这种表面的安静正是学生的积极性受到压抑的表现。

(二) 乱

在新课程背景下，我们倡导自主学习、合作学习、探究学习，这是实施新课程最为核心和最为关键的环节。学生的主体地位在客观上决定了他们自主参与学习的行动，这种可能看上去乱糟糟的课堂，学生可能发挥得更出色，学得更起劲。可是，在教师们不断追求这种"乱糟糟"的课堂状态的同时，真正混乱的课堂纪律倒是让教师烦恼的现实问题。

案例3-2-2　一个错字引发的混乱[1]

今天我给六年级的同学上信息技术课，我课前用了一些时间点了一下学生的名，顺便再一次熟悉这些可爱而又相对陌生的面孔。

---

[1] 周浩.关于课堂纪律的案例分析[EB/OL].http://nmgpx.cersp.com/article/browse/14353.jspx，2012.6.21.

"乜小伟，曲远大，孙林，卞辑"，我读到最后一个名字时大家哈哈大笑，我不明白大家笑什么。原来大家在笑我把她的名字读错了，说她叫卞（bian 边音）辑，我顺便给大家纠正了字音，这个字读"bian 变音"，可是有的学生不服气："老师你读错了。""那好，"我说，"有字典的同学开始查。纠正一个字花了三分钟，我又继续点。这时同学们开始"打电话"调皮，还有同学不停地笑。他们会因为我点到某个同学名字而联系到他在班级的绰号，或者今天他做了什么错事或者他做了一件什么搞笑的事，我的天，下面一片乱，以致我点名的声音抗衡不过学生……

在面对课堂突发事件时，教师的教育机智就显得十分重要。在案例 3-2-2 中，教师没有把握住教育时机，使师生沟通无法进行，导致课堂"一片乱"，正常教学无法进行。

（三）逆

近几年，学生在课堂中打骂老师的事件频发，引起了社会的广泛关注。在忤逆教师现象的背后，一方面是教师的人格尊严受到了侮辱，另一方面是学生承担相应的责任，教师和学生之间由此产生无法逾越的鸿沟。

案例3-2-3　学生打老师四天三起令人悲哀，尊师重教传统何在[1]

2011 年 3 月 6 日上午，9 年级（4）班第三节正上着英语（论坛）课。一名男生上课时戴着耳机听歌。上课的老师上前制止，要他遵守课堂纪律。这个学生不但不听，反而唱起歌来，越唱越大声。此时老师上前摘下他的耳机，这个同学却突然站了起来，大声吆喝："你再动我就试试！"老师再去摘这名同学的耳机，没想到学生用手一扯，耳机断了线，学生当即给了老师一个耳光，又吆喝道："算给你面子了。"学校领导闻讯赶至，这堂课只能暂停了下来。老师被送到卫生院，被诊断为"轻度脑震荡"。

导致学生大打出手的原因很多，如青少年处于生理心理"断奶期"，不正确的家庭教育等，但除此之外，师生沟通不畅也是其中不可忽视的因素之一。老师不

---

[1] 黄蔚山、廖伟军. 学生打老师四天三起令人悲哀，尊师重教传统何在[N].羊城晚报，2011-03-17.

关注孩子的情绪变化，不顾及孩子的自尊心，或者说言语甚至行为超出了孩子能承受的范围，他就可能产生拒绝沟通的思想，直接动手。

二、造成课堂管理中师生沟通不畅的原因

教育观念传统、教学能力欠缺、教学环境管理不善是造成课堂中"静"、"吵"、"逆"现象的主要原因。

（一）教育观念传统

1. 以知识为本

尽管我国的现代学校教育制度脱胎于欧、美、日等现代工业化国家的教育体制，但实际上依然是工业经济时代的产物。工业经济时代学校教育的中心任务是传授知识，系统的知识几乎成了"课程"的代名词。

对于学校里的学生而言，他们的任务乃是接受、存储前人已经"发现"了的知识；对于教师而言，他们的任务乃是将前人已经发现的知识进行整理和加工，帮助学生发现这些知识，记忆这些知识，将知识如水一般源源不断地注入学生的头脑这一知识的"容器"。课堂管理就是服务于这一目标的工具和手段。这种管理以知识为本位，将知识置于儿童之上，而学生则被异化为知识的容器、掌握知识的工具，这与儿童的身心发展规律是背道而驰的，而为了管理目标的达成，这种管理的方式必然是刚性的、非人的、冷漠的，教师与学生之间的沟通显然也是非人的、冷漠的。

知识百科 ○○○知识之所以占据如此重要的地位，是因为人们赋予了知识一些"神圣"的特征。知识不仅是绝对的，而且是客观的，因而知识成为外在于人的、与人毫无关系的、类似地下的矿物那样的客观存在物。对于知识而言，人们唯一能做的事情就是"发现"。

——《基础教育课程改革纲要》

2. 以教师权威为本

在传统的师生关系中，教师对于学生来说是行政的上级、伦理上的长者，因而也是教学关系上的权威，课堂中的师生沟通处处体现等级色彩。

具体表现为：一是教师的角色优势导致教师的高高在上。由于教师受过高等

的教育和专门的师范培训，导致教师在知识拥有和道德层级上占据总体的优势，儿童自然而然地把教师当作知识和道德的化身，教师就是真理。在教学过程中，教师自觉不自觉地充当了社会要求的代表，代表祖国、社会甚至家庭，不断地向学生提出要求，而学生则被置于通过教师传达的社会要求与社会期望的激励与约束之中。二是教师的人格优越性导致师生间的人格不平等。对教师来说，教育已是完成时，因"学高"而为"师"，因"身正"而为"范"，被社会公认为是教育人的人；对学生来说，教育还在进行时，是不成熟的，是有待于塑造与培养的受教育的人，从而造成师生间人格关系上的不平等。教师的人格优势意味着教师总可以理直气壮地把自身的人格旨趣和意愿单向施与学生，而学生只能被动地接受。在这种不平等的人格交往中，很难有真正意义上的对话交流、相互沟通和相互濡染。三是师道尊严导致教师的权力控制。中国自古就有"君子不重则不威"、"教不严，师之惰也"之说，而"天、地、君、亲、师"、"一日为师，终身为父"之说则把教师之尊者形象推向极至。而"子不学，非所宜；幼不学，老何为？玉不琢，不成器；人不学，不知义"将学生顺从之态推至极端。这种世代相传的文化观念使人认为，只要学生始终沿着老师那合理正确的权力预置前进，就会成为理想的人才。这种师道尊严的文化观念成为教师理所当然对学生进行权力控制的依据和保障。

3. 以课堂纪律为本

不可否认，课堂纪律对教学秩序的维持、教学目标的达成、学生人格的养成有着十分重要的意义。但有些教师把纪律的作用夸大化，在纪律的使用上简单化，纪律成为高于学生的东西，凌驾于学生之上，纪律成为控制和压抑学生的重要手段和有力工具。

具体表现为：一是把课堂纪律当作维持课堂秩序的唯一准则。成功的课堂教学离不开良好的秩序，而良好的课堂秩序的形成、巩固与教师的教学管理艺术以及课堂内外环境是密切相关的。但在一些教师的观念中，课堂纪律才是课堂秩序的根本保障，必须用严格的纪律将学生的行为局限于一定的范围中，用纪律约束和禁锢学生，以求一种表面的稳定和消极的秩序。二是认为良好课堂纪律的表现就是课堂的安静。一些教师常常将课堂的安静视为教师能力的表现，并也以此为荣。事实上，安静的课堂并非就能达到教学的高效率，并非总能充分发挥学生的积极性，这种表面的安静正是学生的积极性受到压抑的表现。

（二）教学能力欠缺

教师是课堂管理的决策者，是课堂的重要组成部分，师生沟通的效果在很大程度上取决于教师对课堂管理的认识和把握。而课堂管理依托于课堂教学，因此，教师教学能力的欠缺直接影响师生沟通的效果。

1. 学识水平不高

在同样的教学情景中，使用同样的教材，面对同样的学生，学识不足的教师会感到焦虑，心情紧张，进而导致语音表达失调，选择不恰当的教学策略，从而影响学生接受信息的全面性和真实性，导致师生沟通出现障碍。

案例3-2-4　教师的学识素养是何等重要[1]

师：同学们想一想，现实生活中有哪些人、事、物是"平均分"的？

生1：窗户的玻璃每块都同样大，是平均分的。

生2：我家有三间房，听妈妈说每个屋子同样大，是平均分的。

生3：宴席上每人一个螃蟹，也是平均分的。

生4：我姑姑结婚宴请宾客，每桌坐8人，每人一个碗，一个杯子，一双筷子，每人还坐一把椅子，这都是平均分的。

生5：学校甬路两边的华灯每个花池三个，是平均分的。

生6：老师，教室北墙窗户两边的镜框是平均分的。

师：教室北墙上钉着三种镜框，共五个，窗户左边有三种，窗户右边有两种，这怎么能算平均分呢？你踊跃发言很值得表扬，多种东西是不能同时平均分的。

---

[1] 冰洁.教师的课堂应变能力是何等重要[EB/OL].http://www.sowerclub.com/ViewTopic.php?id=148600，2012.6.21.

你看，教室南墙有两个条幅，北墙也有两个条幅，这是平均分的。

（生点点头，坐下了，仍是很迷惑。）

课程标准把"平均分"定义为"每份分得同样多就是平均分"，这句话的意思是分完结果每份同样多就是平均分。案例3-2-4中的这位学生把镜框分开来看，左边的两种镜框和右边同样的两种镜框确实是平均分的。由于教师对概念的内涵和外延理解不透，导致学生的思路受到了限制，创造性的发挥受到了阻碍，不但丧失了教学时机，而且打消了学生与教师沟通的热情。

2．教学设计不当

教学实践表明，是否能生成有效的师生沟通，关键看有无好的教学设计。在教学活动前，教师首先要确定教学活动的目标，选择实现目标的方法步骤，分配教学时间，分析教学环境条件，预估教学效果等。这些事先的教学设计工作如果做得好，准备充分，那么教师在课堂中就可以胸有成竹地按计划组织、推进教学，避免一些因准备、设计不足而造成的课堂失误，保证教学活动在高质量设计方案的基础上高效运行，从而达到预期目的。相反，如果教学设计粗糙，教师不能全面考虑课堂的各个环节和可能出现的问题，仓促上讲台，课堂管理的隐患必然会增多，师生交流的效果也会受到一定影响。例如，如果教师事先没能很好地了解学生的学习状况，教学目标设计不当，对学生要求过高过严或过低过松，都可能影响学生的交流热情，从而降低课堂努力程度，并可能产生课堂问题行为。

案例3-2-5　大象还是称象？[1]

师：小朋友好！

生（齐声）：老师好！

师：同学们喜欢猜谜语吗？

生（兴奋地）：喜欢！

---

[1]　李文利.创设有效的教学情境[N].教育时报，2011-11-29.

师：老师出个谜语给你们猜一猜。耳朵像扇子——

生（脱口而出）：大象。

师（若无其事地）：鼻子像钩子，腿儿像柱子，尾巴像鞭子。

生（嚷叫着）：大象、大象。

……

上述教学片段，教师试图用儿童喜闻乐见的谜语，顺势引入课题。乍一看，此举似乎自然妥帖，活跃了课堂气氛，起到激趣作用。细细琢磨，我们不难看出，上述教学片段中的情境创设有"为了情境而创设情境"之嫌。教者尚未说完谜面，学生已揭开谜底，而教师不顾学情，置若罔闻，依然将"谜语进行到底"，生硬导入课题，而忽略了《称象》一课的文眼在于"称"，而不在于"象"。学生的思维火花刚被点燃，瞬间又归于沉寂。显而易见，此处谜语激趣导入的深度不够，不能较好地激发学生强烈的阅读期待，学生自然不会主动进入预设的情境，自然不能和教师形成有效沟通。

（三）环境管理不善

课堂环境可以分为两类：一是课堂的物质环境，它主要指师生生活于其中的环境，光、温度、颜色、气味等是课堂环境的物理性因素；二是课堂的心理环境，它主要是由师生的心境、教和学的态度、教学中的情绪体验、师生关系等相互作用而构成的一种课堂教学氛围。

1. 课堂物理环境管理中存在的问题

研究表明，丰富的色彩、柔和的灯光和舒适的座位会对学生的态度及行为产生显著的影响。如果课堂中温度适宜，色彩明亮，空气清新，可以产生一种愉悦的感受和积极的情绪，从而减少问题行为的发生，有利于形成安定的课堂秩序和较好的教学氛围。而且课堂中的色彩、温度等如果趋于定势，学生的问题行为就会形成习惯，成为无意识行为。

另外，座位编排方式也可视为课堂管理环境中的一个重要的物理因素，沃勒研究表明，坐在前排的学生多在学习上过分依赖教师，其中也可能有一部分是学习热情较高的，但坐在后排的学生，通常有捣乱和不听讲等问题行为。英国教育理论家曾对课桌椅的排列方式做过观察实验，结果显示，秧田式排列时，学生学习努力的程度是圆桌式的2倍，而坏习惯（如心不在焉等）的出现频率，则圆桌式是秧田式的3倍。由此可见，采用什么样的座位编排方式对学习成绩及课堂行为均有一定影响，自然要求加强管理。课堂物理环境也是课堂管理的重要内容，实际上，不良的课堂物理环境对于学生课堂的学习和活动会产生负面的影响，不仅不利于学生在课堂中的学习和活动，而且还会影响学生身体的健康发展。

2. 课堂的心理环境管理存在的问题

课堂教学氛围一般可分为三种基本类型：一是支持型气氛，即积极、健康、生动活泼的心理氛围，其特点为：学生求知欲强烈、学习热情高涨、思维活跃，师生关系友好和谐、配合默契，师生都具有满意、愉快、互谅、互助等积极态度和情感体验。二是防卫型气氛，即消极、冷漠、沉闷的课堂气氛，其特点为：学生缺乏求知欲与学习兴趣，态度消极被动，处于控制与服从状态，师生关系不融洽，同学关系淡漠。三是对立型气氛，即紧张、对立、喧闹的课堂氛围，其特点为：师生关系恶劣，同学关系不友好，敌对的团伙常在课堂上惹是生非，气氛紧张、对立、敌视。其中，支持型气氛最有利于师生沟通，而对立型气氛对师生沟通具有最坏影响。

案例3-2-6　和谐课堂[1]

我担任了初三两个班的英语教师，其中在一个班级任班主任。第一次单元考试成绩出来，显著的成绩差异着实令人吃惊，平时课堂活跃的班级中85分以上的达25人，不及格的仅1人，而我所任班主任的班级85分以上的仅10人，不及格的有9人，而且两个班级平均分差达5分之多。究竟是什么影响了学生的英语成

[1] 和谐课堂[EB/OL].http://www.sxyz.net/jxky/ShowArticle.asp?ArticleID=4506, 2012.6.8.

绩呢? 我苦苦冥思, 仍不得其果。

第二天课前几分钟, 当我捧着改好的试卷走进教室时, 我突然发现了一个现象。考得好的班级学生, 包括科代表都热情地迎上来, 七嘴八舌地问我成绩怎样, 有的还很夸张地叫着 "oh, My god"。而我自己任班主任的班级学生, 竟然齐刷刷地静坐在座位上, 默不作声, 眼巴巴地看着我进来, 有的甚至连大气也不敢出。在接下来的试卷分析过程中, 两个班学生课堂发言也迥然不同, 一班踊跃, 一班畏缩; 一班活跃, 一班沉闷, 形成明显的对比。课堂效率差别也就可想而知了。

我突然明白了这就是症结的所在。做久了班主任的我, 当走进自己任班主任的这个班级时, 表情往往比较严肃, 课堂上也往往带有无形的权威, 当学生发言成功时, 听到的表扬也是轻描淡写的。当学生回答不出时, 我的一句 "You should work hard next time" 可能极大地打击了学生学习的兴趣和热情。而在另一个班级, 由于不是班主任, 每次上课我都非常轻松自在, 学生也十分配合, 即使有几个学生原本英语基础不好, 我也总是微笑地鼓励他们: "It doesn't matter. Thank you all the same."

找出了这个原因之后, 我诚恳地向学生做了检讨, 同时也告诉他们: "You needn't worry about the mistakes in our English class. Everyone will make mistakes including me, because we are all learners. If you make a mistake, I will help you, if I make a mistake, will you be willing to help me?" "OK!" 终于, 同学们露出了开心的微笑。在这以后的英语课中, 我一直坚持让自己用宽容的心对待学生, 用鼓励的话语激励他们, 不管自己是否任班主任, 决不在课堂上使用班主任权威。同学们越来越觉得英语课有趣, 课堂气氛非常融洽, 学生学习英语的热情不断高涨。第二次单元考试成绩出来后, 基本上没有多少差距了。

可见, 在支持型气氛的课堂中, 师生交流更加轻松顺畅, 课堂教学效果好; 在防卫型气氛的课堂中, 师生交流拘束、不自在, 课堂教学效果差。

第三节　课堂管理中的有效师生沟通

在实际课堂管理中，由于师生沟通不畅导致的师生关系恶化问题、教学效率下降问题十分普遍。在本节中，主要向大家介绍课堂管理中师生有效沟通的方法和途径。

一、树立以人为本的理念

在师生沟通中，有的教师喜欢充当领导者的角色，不希望学生超出自己的控制范围；有的教师缺乏必要的同情心，对学生动辄训斥谩骂，甚至体罚，容易使学生产生畏惧心理，不敢向教师表达真实的想法；还有的教

图3-3-1

来自中国教育报2008年10月24日第六版

师好大喜功，只听好话，不理会逆耳之言，学生就报喜不报忧，甚至有意掩盖真相，导致信息失真。可见，教师权力的不当运用，很容易导致沟通流于形式。

因此，要树立"以人为本"的教学理念，它既是一种价值判断，也是一种方法论，落脚点在"人"，归根到底是为了人的全面发展。[1] 在这种理念下，教师要将学生视为一个完整的、主动积极发展着的个体，尊重学生人格与个性的独立和尊严，重视学生的情感体验和身心素质，这是教育完整目的观的核心，也是师生有效沟通的前提。

（一）开放自我，理解信任

人际沟通首先是愿意沟通，也就是课堂中的个人都开放自我，在开放的过程中接纳他人的想法和建议。因为学生缺少的是足够的观察能力和判断能力，所以他需要的是教师的指导而不是惩罚。此外，还要全面了解学生的个性特征，重视学生的差异性和课堂教学过程的情景性，"心中有盘棋，手中有杆秤。"通过了解

---

[1]　唐景莉.科学发展观引领高教前行[N]. 中国教育报，2005-12(1).

达到信任，通过信任达到沟通。

（二）放下权威，平等互动

自由、宽松、安全的氛围可以使人的智慧得到最充分的发挥。在课堂上，教师应尊重学生，把学生看成一个自由、独立、完整、有其独特天性和尊严的人，接纳、平视、理解和宽容地看待学生的一切所作所为。教师要放下"父亲"、"管理者"的架子，要像父母般珍爱学生，给学生一个轻松愉快、平等对话的和谐课堂，让他们在和谐的课堂上舒枝展叶、茁壮成长。

（三）尊重差异，形成意识

课堂中每个学生具有不同的生活背景、不同生活阅历和经验、不同的知识水平和能力水准、不同的生理心理特点，这就决定了每个学生的差异是存在的，也就决定了学生在学习上对环境的要求也应是有差别的。因此，要把"命令式"、"规定式"变为"沟通式"、"和谐式"，针对特点，因材施教。

二、创设和谐课堂环境

在课堂教学中，若以满堂灌为特征，学生将对学习毫无热情；若以民主为特征，学生的学习热情高涨、思维活跃，对课堂教学的参与性会显著提高。可见，和谐的课堂环境是放飞学生的思路、促使学生沟通的前提条件。

（一）物理环境

师生沟通效果与物理环境直接相关。良好的物理环境不仅可以减少产生问题行为的可能性，而且可以消除许多潜在的问题行为。一是要保持课堂的整洁、秩序和优雅。二是要科学合理地安排学生的座次。必须打破单纯按个子高矮排座的方式，应综合考虑学生的生理特点、个性特长、学习习惯、行为特征、同伴关系等诸多因素，做到优劣搭配、合理组织，达到以长补短、以优补劣、互相促进的效果。

知识百科

中小学一般的课堂座位编排方式主要有以下几种：

1. 秧田式排列法。秧田式排列法是中小学最普通、最常见的一种传统的座位编排方法。秧田式排列法是伴随着班级授课制产生的，因而它最适合于大班教学。在这种座位模式下，所有的学生都面向教师，教师容易控制学生，容易发挥自己在教学活动中的主导作用，因而传授知识的效果比较理想。但学生之间几乎没有什么交往活动，不利于学生的社会化成长。另外，这种座位模式从空间特点上突出了教师居高临下的地位，客观上造成了师生在空间位置上的不平等，因而不利于平等民主的师生人际关系的建立。

2.圆形排列法。圆形排列法也是目前中小学中比较常见的一种座位编排方式。按照这种座位模式，教师可以根据需要将课桌椅布置成一个或数个圆圈，让学生围坐在一起参与学习和讨论。这种编排方式特别适合于各种课堂讨论，它可以大大增加学生之间、师生之间的言语和非言语交流，最大限度地促进课堂中的社会交往活动。并且，由于圆形座位从空间特性上消除了座位的主次之分，因而有利于师生之间形成平等融洽的人际关系。

3.会议式排列法。会议式排列法类似于一般会议室的布置，它是将课桌椅面对面地摆成两列，学生分坐两边进行交流活动。在人数较多的班级，也可将课桌椅摆成四列。这种排列法的优点与圆形排列法相似，即特别适合于课堂讨论，有利于课堂的社会交往活动，有利于增进学生间的相互影响。

4.小组式排列法。小组式排列法是将课桌椅分成若干组，每组由4～6张桌椅构成。小组式排列法在美国、加拿大等国的中小学中非常流行，小学、初中的课堂座位编排多采用这种模式。这种排列法比较适合于讨论、作业课，它能最大限度地促进学生之间的相互交往和相互影响，加强学生之间的关系，促进小组活动。

5.U形排列法。又称马蹄形排列法。它是将课桌椅排列成U形，教师居于U形开口处。这种排列法兼有秧田形和圆形排列法的某些特点，它既可以充分增进师生之间的交流，有助于问题讨论和实验演示，同时又可以突出教师对课堂的控制，发挥教师的主导作用。其不足之处是所需空间较多，不适合于人数较多的大班。

(二) 心理环境

大量研究表明，师生关系对于学生的学业成绩和成长有着较大的影响。在师生关系和谐、融洽的课堂中，学生行为表现为积极主动、乐观向上；而在师生关系冷漠、紧张、敌对的课堂中，学生的心理需要得不到满足，不良行为相应增多。不同性格特征的教师与学生的沟通效果也是不同的，如果师生之间的性格不匹配，会成为阻碍沟通顺利进行的障碍。教师的性格特征会影响甚至决定与学生之间的沟通情况，而学生的性格特征同样会影响教师的行为。研究者发现：教师在课堂教学中对表现不突出或不善于表现的学生会产生错误的理解，而消极的信息往往先被教师注意到并影响教师对学生的期待和态度。在这种误解的情况下，教师和学生之间的沟通就必然受阻。

案例3-3-1　欲速则不达[1]

有一次，我们正在学习《欲速则不达》这节课。"呼呼……呼……"一阵轻轻的、极有韵律的鼾声渐渐在课堂上响起。大家循声一看——是小斌，他正趴在桌子上，美美地打着小呼噜。安静的课堂马上闹哄哄起来，学生们有的用手指指点点，有的掩口窃笑，还有的小声议论……看到这种情景，我极为生气，恨不得马上叫醒他质问一番。可就在那么一瞬间，我转念一想，发脾气并不能解决问题。我灵机一动，来了个顺水推舟，故作惊讶地瞪大眼睛，张大嘴巴，和学生交换眼神。学生看到我惊讶成这样，都忍不住笑了。"嘘——"我让学生停止了笑声，又用手指了指课本。"景公心急如焚，嫌驺子驾得太慢，就夺过缰绳，亲自赶起车来……"我们不再理会小斌，接着开始学习课文了。正当大家讨论"欲速则不达"的例子时，小斌突然醒了，他也站起来发言说："对啊，我有一次帮蝉脱壳，结果把它帮死了。"同学们看着他，都心照不宣地哈哈大笑起来。小斌一时有点摸不着头脑。我对他说："你啥时候醒了？举例挺恰当的么。"看着同学们笑得前仰后合，小斌也尴尬地笑了。

下课后，没等我离开教室，小斌就主动找我承认了错误。经过询问，我才知道他最近每天下午都要练一个多小时的武术节目，很累，回家就睡了。那天早上4点还爬起来写作业，上课时就忍不住睡着了。我抓住这个机会，让学生谈谈自

[1] 马青山.听到鼾声后的处理[N].中国教育报，2011-07-02（第3版）.

己的看法。学生们讨论得很激烈，最后达成了统一意见：小斌4点起床学习的精神是可嘉的，但是方法不可取，欲速则不达。我们应学会合理安排自己的作息时间，这样才能保证我们各项任务顺利完成。

在案例3-3-1中，教师没有轻易认定学生是故意捣乱而采取呵斥、惩罚的处理办法，而采取冷处理方法，营造了和谐轻松的课堂环境，既照顾了学生的自尊，又能使课堂教学正常进行。所以说，教师面对学生应该有足够的爱心和耐心，面对教学应该讲究教育艺术和方法，这样才能够化解矛盾，保证教育效果。

（三）教学环境

课堂管理发生在课堂教学过程中，为课堂教学服务。因此，对课堂教学的管理是课堂管理的首要目标。只要学生被卷入教学活动，他们的注意力被学习任务所吸引，全身心投入到学习活动之中，有效的师生沟通就成功了一半。

1. 要"备"好学生

提高教学质量，首先要上好课，而备好课又是上好课的关键。教师备课主要备课标，备学生，备教材，备教法。而在实际教学当中，备学生流于形式的现象比比皆是，不是以教师的水平、经验衡量学生，就是把学生看作永恒不变的教育对象，忽视了地区、城乡、学校、班级、个体之间的差异。

案例3-3-2 从"out man"到"奥特曼"[1]

在一所乡村小学听课，上课的刘老师两鬓微白，已经年逾五旬。讲的是《狼牙山五壮士》一节，课堂教学组织得有板有眼，中规中矩。当最后问及同学们学习课文的感受时，一个胖胖的男孩站起来大声说道："要是五壮士都变身奥特曼就好了，一定会像打怪兽一样把那些日本鬼子打得鬼哭狼嚎！"老师一脸茫然地问道："奥特曼是谁啊？"学生中爆发出一阵哄堂大笑，有大胆的学生喊道："老师，你out了！"于是老师愈发茫然地自语道："这out又是个什么词啊？"刘老师尴尬地站在讲台上……

---

[1] 王永军.从"out man"到"奥特曼"[N].中国教师报，2010-06-28.

案例 3-3-2 中的刘老师之所以不知道学生口中的"奥特曼"和"out man"，是由于没有相同或相似的经验，信息不能形成对称，无法运用教学机智化解尴尬。因此，在备课活动中，教师们不光要备学生的身心特征、学科认知特点、知识基础，更要走进学生的世界，了解学生的经验、思想和生活关注点，急孩子之所急，想孩子之所想，忧孩子之所忧，乐孩子之所乐，只有这样，教师和学生才有共同语言，才有沟通的媒介和条件。

2. 要设好情境

课堂教学内容对于学生来说，具有一定程度上的外部规定性或强制性：它是成人认为有价值、有意义的知识经验，而不是学生从自身的兴趣和需要出发来选择的。因此，教学内容会给学生造成认识上的种种困境，成为师生之间在教学认识上进行交流的障碍。而教师的作用就在于创设好教学情境，使教学内容尽量做到生动又有趣味性，以满足学生的需要，排除学生认识上的障碍。

案例3-3-3　由称蛋引发的称象[1]

（课前，我看见该班一个学生给授课教师送了一个鸡蛋，教师拿出这个鸡蛋，向学生介绍这个鸡蛋的"来历"。）

师：想知道鸡蛋多重，怎么办？（由此引出用秤来称）

生：用称称。

师：如何称出一头大象有多重呢？

生：造一杆大秤。

生：把大象杀死，割成一块一块的再称……

（教师切入课题，告诉学生：1000多年前，有个7岁的小孩，爱动脑筋，非常聪明。他就想出了一个既不会伤害大象，又能巧妙地称出大象有多重的好办法。）

以上预设，以学生熟悉的鸡蛋，靠近课题"称象"，情境来源学生身边，鲜活

---

[1] 李文利.创设有效的教学情境[N].教育时报，2011-11-29.

真实。"如何称象"一问犹如磁铁一般牢牢吸引住学生的注意力，促使其积极自主地投入到学习课文的活动中来，效果不言而喻。

3. 要提好问题

问答时要注重叫答对象的全体性和叫答方式的随机性以及叫答方式的鼓励性，讨论时注重适时适量地介入，以便进行有效调控。要做到"四不"，即不要突然提问、对比提问、追根提问和多嘴提问；也要做到"四度"，即找准角度、控制难度、体现梯度和突现深度。

案例3-3-4　追根提问[1]

自学完《愚公移山》后，老师提问一个学生："这篇课文选自哪里？"学生回答："《列子》。"老师继续问："列子是什么朝代的人？他是哪一个思想流派的代表？"学生顺利回答后，老师又继续问："道家有哪些代表人物？他们的思想主张是什么？"在老师连续的发问中，学生的自信已经消磨殆尽，老师却颇为得意地说："让我告诉你答案。"学生已经根本听不下去了。"老师，你是不是不让我难堪不罢休啊？"

课堂提问是师生共同探讨、共同寻找问题答案的双边活动。提问时，师生之间在关系上是合作的，在人格上是平等的，也唯有如此，课堂才会出现融洽、愉悦的学习氛围，学生才会在获得自尊、自信后积极思维、主动参与到课堂活动中。而让学生难堪的提问只能使师生处于紧张对峙状态，学生肯定会害怕提问、恐惧课堂，即使是再好的提问，也收不到好的效果。

案例3-3-5　《单项式》教学中的有效课堂提问贵在有"度"[2]

问题1：式子 $6a^2$、$2.5x$、vt、$-n$ 有什么特点？

生1：它们有各自的代数意义。

生2：每个式子中都含有字母。

[1] 孟红梅.这样的提问，让人缺少安全感[N].教育时报，2011-12-14.

[2] 岳岚、蒲大勇.《单项式》教学中的有效课堂提问贵在有"度"[N].教育时报，2011-12-20.

···········

（学生始终不能说出每个式子的"数与字母的积"这一核心特点，迫于无奈，教师直接告诉了学生）

问题2：判断下列式子哪些是单项式？

(1)x+2

(2)−7

(3)a3

···········

（学生像放鞭炮似的给出了答案）

问题3：大家知道100t是一次单项式，那么，−7a是几次单项式？

（学生不假思索，脱口说出了答案）

问题4：对于单项式的系数，要注意哪四点？

（教师在新课开始时，就把四点注意事项板书在黑板上了，学生把板书内容读了一遍）

问题5：通过本节课学习，你有什么发现？

生：我发现我们有个别同学学习数学不专心。

师：请说出与本节课有关的东西。

生：单项式与我们前面所学的很多式子相同。

（学生的回答没能让老师满意，老师让学生课后去总结）

在案例3-3-5中的课堂提问，执教者的意图很明显：想用"问题链"统领整节课的教学内容，帮助学生形成"知识串"。但从课堂实施来看，效果不尽如人意，整堂课教学气氛起伏不定，有时气氛活跃，有时"冷场"；从课后效果检测来看，绝大多数学生根本没有掌握本节课的知识，更没有形成执教者所期望的"知识串"。究其原因，有的问题太浅显，缺乏思维含量；有的问题难度又太大，让学生摸不着边际，导致问题在教学中只起到浮光掠影的作用，收效甚微。可见，教师课堂提问贵在有"度"。

三、灵活运用沟通技巧

在沟通过程中，免不了会出现沟通障碍，即传播信息通道上的失真或编码、译码上的错误，而避免这种障碍的关键在于教师能否灵活运用沟通技巧。因此，只有不断提高课堂管理中的言语技能和非言语技能，才能在与学生沟通时得心应手。唯有如此，才能顺利地完成课堂教学任务，提高教学效果。

（一）提高语言技能

语言是教师授课的必要工具，是从业的一种内在素质，是师生沟通的重要桥梁。观摩优秀教师的课堂时，我们不难发现，他们的课堂之所以生动的原因之一，就是他们的语言表达准确、灵活，使课堂清晰地展现在学生面前。可以说，语言表达的质量，会对课堂中的师生沟通产生潜移默化的影响。因此，教师要内修语言，使语言表达生动、明晰、准确、简练、形象，速度适中，适合学生接受。

1. 学会"说话"

一是去掉烦人的"口头禅"。在师生沟通的各种语言障碍中，教师的口头禅属于"最烦人的语言"。有些教师在语言中经常夹杂着许多不是标点符号的"标点符号"，例如："这个这个，那个……""就是说……""啊、啊……"等，学生听起来会感到十分心烦，甚至还会有人帮你义务"记数"——数一数在一节课里你一共说了多少句口头禅。要使教师的语言流利，基本上没有口头禅，甚至达到出口成章的程度，除了要非常熟悉所讲内容之外，有意识地、熟练地使用一些连接词十分重要。例如，可以把"首先……接着……然后……最后""不但……而且……""一方面……另一方面……"等若干组连接词预先串接在自己的教学内容中，作一个简短的内心预演。再加上适度的停顿和节奏处理，你的表达效果就会大大提高。

 谈话，和作文一样，有主题，有腹稿，有层次，有头尾，不可语无伦次。

——梁实秋

二是做到语言简洁明晰。一些教师习惯性地重复一些句子，不仅占用了宝贵的课堂教学时间，而且使学生听起来不舒服；一些教师提出的问题不清晰，使得学生一头雾水，于是又转变提问方式，造成对学生思维的干扰；一些教师语言冗长，不生动，不形象，学生长时间听讲会出现疲顿状态；一些教师语速过快，声音不够响亮，语音呆板，没有起伏变化；还有一些教师语言逻辑性不强，这些都直接影响着师生沟通的有效性。

2. 用心"讲话"

"说者无意，听者有心"，教师在课堂中任何无意的言行和举动，都可能给学生造成消极的暗示，妨碍师生之间的顺畅沟通。

案例3-3-6　一不小心的后果[1]

一位教师刚刚走进教室就皱起了眉头，接着又望着窗外（窗外不远处是一个正在施工的工地），然后开始埋怨："噪声怎么这么大？你们就一直在这样的环境里上课？"学生听后发生了共鸣，也在心里抱怨："是啊！教室的环境这么差叫人怎么学得好？"

师生在上课开始时就处于如此心理状态，这节课的效果可想而知。聪明的做法是转移注意力，把干扰的影响降到最低程度，而不是传递不满情绪，影响课堂和谐环境。教师要切记，不能动辄就犯"一不小心"的错误。

3. 恰当"插话"

"插话"是教师在课堂教学过程中必不可少的引导方式、组织教学方式，是引发学生深度有效思考、展示学习过程的有效途径，更是师生进行沟通的有效载体和形式。

案例3-3-7　到底谁说？[2]

师：××同学，你来说说你对"泉眼无声惜细流"这句诗的理解！

生："惜"的意思是爱惜……

---

[1] 屠荣生、唐思群.师生沟通的艺术[M].北京：教育科学出版社，2007：137.

[2] 刘亚杰.老师，您会插话吗[N].教育时报，2011-12-12.

师(没等学生说完)：你还可以说是怜惜、可怜。你接着说。

生："细流"的意思是细小的……

师(赶紧接着说)：你可以说成是细小的水流，那你说说这句诗的意思。

(生站着不说话了)

案例3-3-8　这样引导！[1]

师：我们来交流一下大家在读书时所作的批注，也就是你的读书理解。

……

生：嘎子一惊，失声叫道："哎呀，两个鬼……""子"还未出口，他急忙改口高叫道："奶奶！有两个太君进院啦！快预备饭啊！"从这一句我体会到嘎子特别机智。

师：很好，那你是怎么体会到的呢？

生：两个鬼子来了，那对区队长来说就是危险的，因为他不知道，而嘎子这么"改口"一叫，就等于把消息传给了区队长。

师：这叫什么？能用一个词语说说吗？

生：临危不乱。

师：对。正是他的临危不乱才显出了他的机智。谢谢你，回答很好。

师：谁还能说说对这句话的理解……

在这两个案例中，两位老师都就学生的回答做了"插话"处理。他们选择的方式是一样的，但收到的效果却相去甚远。前一位老师看似尊重学生，实质上教师是权威；后一位老师是真正地尊重学生，把自己当作课堂的引导者、组织者。

可见，教师的"插话"也需要技巧：不仅要选准时机，把握学生思维出现凝滞、思维肤浅、思维混乱或者表达不准确的时候，及时插话，而且要选择适宜的方式，充分调动学生的自主性、能动性，把课堂真正还给学生。同时，需要配合恰当的语气，

---

[1] 刘亚杰.老师，您会插话吗[N].教育时报，2011-12-12.

以适应不同年龄阶段、性格特点的学生，最大限度地解放其心灵，活跃其思维。

4. 杜绝"气话"

和常人一样，教师受到各种外界事件影响时经常会情绪波动。不高兴了，也会说气话。很多时候，教师的气话不但不能达到教育学生的目的，还会让学生自尊心受到挫伤。这样自然会影响到教学质量，甚至会影响学生的人格发展。控制情绪，首先要不说气话，这是教师必要的职业素养之一。

一是不说"绝对型"气话。"绝对型"气话不给学生留有任何余地，通常带有"必须"、"否则"、"你给我……"、"闭嘴"等话语。

案例3-3-9　英语课上的冲突[1]

某中学初二某班的英语课上，女生杨洋和身边的男生一个劲地说笑。临时代替班主任上课的刘老师提醒了两次，但杨洋还在说。直到刘老师重重地把教材摔在讲桌上："必须给我换位置，否则你就站着上课！"怎料杨洋站起来喊道："凭什么把我调开？你怎么不调别人啊！"刘老师强压怒火，把杨洋叫出去单独谈话，但是杨洋依然很激动。下午自习课，刘老师发现讲台上有张字条，上面写着："刘老师，你以为当了班主任就可以压制学生吗？有谁服你？"落款是"让你最讨厌、也最讨厌你的学生"。刘老师再也无法遏制怒火，冲杨洋吼道："你必须向我道歉，否则永远不许踏进教室半步！"然而，杨洋一直不道歉，刘老师只好"请家长来"。

在案例3-3-9中，刘老师一共说了两次"气话"，每次都说得很绝对。两次"必须"、"否则"，完全不给学生选择的余地，确实是显了班主任威风，但也激起了杨洋的逆反心理。本来只是一点小风波，完全可以"自我消化"，却到了"请家长"的地步。教师说"绝对型"气话，是为了镇住学生，动机不坏，但这只会让学生更加叛逆，让教师陷入十分尴尬、进退维谷的境地。

二是不说"惩罚型"气话。"惩罚型"气话通常带有"罚你"、"治不了你"、"请

---

[1] 刘亮."祸从口出"案例何其多 [N].中国教育报，2012-05-31.

你家长来"、"一边站着"等话语，它会加重学生的逆反心理。

案例3-3-10 化学课上的冲突[1]

初三化学课上，苏老师正在讲有害气体对大气环境的污染。班上的调皮大王袁晓波突然憋红脸硬是放了个屁，然后说："老师，这对大气也有污染吧？"同学们笑得东倒西歪……苏老师狠狠地盯了袁晓波一会儿，接着演示说："我们必须要对尾气进行处理，因为一氧化碳具有毒性，如果处理不当就可能使人中毒，甚至死亡。"袁晓波又在下面说："我们小区里有个智障，才18岁就因为煤气中毒死了……"教室里马上爆发出一阵嘘声。这时，苏老师使劲拍了一下讲台，抓起一根粉笔就向袁晓波扔过去："你唯恐天下不乱是吧？我就不信治不了你，罚你一个月清扫化学实验室！"袁晓波嬉皮笑脸地说："没问题，还能减肥呢！"虽然被惩罚了，但袁晓波的调皮本性却愈演愈烈，仍然频频跟老师作对。

在案例3-3-10中，当袁晓波的接话茬举动导致全班阵阵骚动时，教师怒不可遏地说"要严厉惩罚"，气话是说了，但效果却是零。教师说"惩罚型"气话是想给学生一个警示，让其知错就改。然而，教师说气话理顺了自己的气，学生却认识不到错误，心里仍然不服气，反而将错就错，愈演愈烈。

三是不说"羞辱型"气话。"羞辱型"气话通常带有"笨"、"懒"、"不争气"、"有病"、"倒霉"等话语，它会伤害学生的自尊心。

案例3-3-11 微机课上的冲突[2]　　图3-3-1 你这猪脑子

初二微机课上，杜老师观察到，教室后排的李逸始终在玩手机。杜老师生气地说："看看人家在干什么，你在干什么？要是不愿意学就出去，把手机给我拿出来！你真是太让我失望了，朽木不可雕也！"李逸说："凭什么？教师法规定，老

[1] 刘亮."祸从口出"案例何其多 [N].中国教育报，2012-05-31.

[2] 刘亮."祸从口出"案例何其多 [N].中国教育报，2012-05-31.

师不能随便羞辱学生。我要用手机录下来。我爸是教育局的！"杜老师和李逸开始争抢手机，结果五大三粗的李逸占了上风，还把杜老师推了个趔趄。杜老师更加来火，让班长去叫班主任。两分钟后，班主任还没来，李逸竟先把电源插座拔掉，使整个微机室的电脑全部强制关机了。杜老师大怒："你给我滚出去，别因为你耽误大家！一块臭肉坏了满锅汤！烂泥扶不上墙！"李逸怒目而视，想和杜老师厮打……

案例 3-3-11 中的这位教师可以说是一名负责任的教师，但是在学生眼中，并不是负责任的教师就是他们心目中的好教师。"朽木不可雕"、"一块臭肉坏了满锅汤"、"烂泥扶不上墙"这样羞辱人的话，只能让学生感到教师对自己的偏见与歧视，从而产生更复杂的矛盾——肢体上的冲突。

（三）适时运用非言语技能

非言语技能，就是指运用眼神、举止神态等"无声言语"将众多信息输送给对方的行为。作为语言手段的补充，在课堂上教师使用的非言语行为是十分丰富的，面带微笑、目光凝视、点头、摇头、皱眉、扬眉、手势等都是教师经常使用的非言语行为。

1. 善于倾听

教师的倾听体现着对学生的接纳和重视。在课堂中，所有的学生都喜欢那些善于倾听的教师。倾听是表达尊重的标志，是满足学生被理解、接纳、受重视等需求的重要途径。因此，教师要善于掌握倾听的艺术和技巧，并把其应用于与学生的交流中。具体而言，教师在倾听中要注意以下几点：第一，以全神贯注和兴趣盎然的神色倾听学生的想法，并注意观察；第二，尽可能从学生的立场理解其所表达的思想；第三，不要轻易打断学生的讲话；第四，将自己的非语言信息和口头释义统一起来；第五，尽可能精确地对你所听到的内容进行释义，并谈谈其中所包含的情感和态度。

○○° 谈话的艺术是听和被听的艺术。

——赫兹里特

2. 合理运用肢体语言

课堂管理的肢体语言理论认为，合理运用肢体语言有助于促进师生交流。一是眼神接触。眼神接触是课堂上师生最常用和最有效的交流形式，通过训练，教师不仅要能自然地注视每一个学生，而且要能读懂每一个学生的要求和反应，传达自己对学生的评价及对整个教室情境的把握，预防学生不良行为的发生。二是面部表情。身体姿势和面部表情是肢体语言的重要部分，在交流中传达着许多重要的信息。因此，教师在调控学生课堂行为的过程中，应尽可能利用身体姿势和面部表情配合讲课。三是身体接近。对课堂上违纪的学生，教师的言语批评既会中断教学活动，又可能引起学生的反感。在大多数情况下，教师只需走近他（她），或轻轻地拍一下，什么也不必说，就能使其端正行为。

详细内容见第六章。

学以致用

1. 结合所学内容，对案例 3-1 和 3-2 进行分析并写出分析报告。

2. 如果你是王老师，该如何处置？请写出应对方案。

案例3-3

班上举行"我们是红军的新一代"诗歌朗诵比赛，一个有先天生理缺陷、吐字不清的学生小斌在同学的带动下走上讲台，他一口气吐出"长征路上"四个字后，好不容易才把"百花开"三个字逬出来。这时，坐在班级里最末排的一个学生努着嘴在学他。这一学不要紧，惹得其他同学也开始跟着起哄，惹得全班同学哄堂大笑，小斌的脸上也是红一阵白一阵。

第四章 教师表扬与批评学生的艺术

随着"以人为本"、"以生为本"的教育理念的深入以及教育评价方式的改革，教师开始关注对学生评价方式的多元化，但表扬与批评仍旧是教师评价学生时最常用的手段，它是一把鼓励、鞭挞学生的双刃剑。在师生沟通中，教师常常使用表扬鼓励先进、激励后进，使得正确的思想和言行能够得到社会的承认并能够发扬光大；批评指出学生的错误，促使其去积极改正，其目的是为了帮助学生认识缺点、纠正错误，使之成为品学兼优的好学生。所以说表扬与批评是师生沟通以及教育教学中不可或缺的手段。若使用不当，既伤害了学生的自尊心、自信心，又伤害了师生的关系。可以说，在师生沟通中，表扬与批评既是一种有效的手段，同时也是一门艺术。

🔍 目标导航

了解：表扬在师生沟通中的作用。

熟悉：常用的几种表扬和批评的方法。

掌握：表扬的原则及策略；批评的原则及策略。

 情景再现

案例4-1 舍得表扬[1]

一次考试后，碰到一个学生，我随口问学生考了多少分，他说107分（满分

---

[1] 王欣.舍得表扬[EB/OL].http://yqjks.yqedu.cn/ReadNews.asp?NewsID=1108 2011.6.27.

120)，我只"噢"了一声，便没有再说什么，因为我觉得他应该上110分，而且我带的学生很多都是110分以上。不久，他妈妈见到我，说："孩子沮丧地说，妈妈，我已好久没有得到王老师表扬了。王老师听了我的成绩，只'噢'了一声，我好失望呀，难道我做得还不够好吗？我已经很努力了……"我只好尴尬地解释说，我只是对他的要求标准较高而已；下次一定要补上对他的表扬，让他重拾信心。原来我忽略掉的，却是最重要的。

案例4-2　陶行知四块糖的故事

陶行知先生在担任一所小学的校长时，看到一名男生用泥块砸班上的同学，当即制止了他，并要他放学时到他的办公室去。放学后，陶行知来到办公室，那个男孩已经等在门口准备挨训了。陶行知没有批评他，却送了一块糖给他，说："这是奖给你的，因为你按时来到这里，而我却迟到了。"男孩惊疑地接过了糖果。接着，陶行知又从口袋里掏出一块糖给他，说："这块糖也是奖给你的，因为当我不让你再打人时，你立即住手了，这说明你很尊重我，我应该奖你。"男孩迷惑不解地接过了糖。陶行知又掏出第三块糖，说："我调查过了，你用泥块砸那些男生，是因为他们不守游戏规则，欺负女生。你砸他们，说明你很正直善良，有跟坏人斗争的勇气，应该奖励你啊！"听到这里，男孩感动极了，他流着眼泪后悔地说："陶校长，你打我两下吧！我错了，我砸的不是坏人，而是自己的同学呀。"陶行知满意地笑了，他随即掏出第四块糖，递给他："为你正确地认识错误，我再奖给你一块糖。"待男孩接过糖，陶行知说："我的糖完了，我看我们的谈话也完了。"

第一节　教师表扬学生的艺术

在教师的日常教学中，表扬是最常用的一种评价学生的方式。表扬是对学生思想行为的认可、鼓励和支持，恰当适时的表扬不但可以使学生看到自己的长处和优点，激励其进取和自信，而且还会对其他学生的思想行为起导向作用。但对表扬的时机和场合掌握不好，表扬的语言不准确，内容稍有不符合事实，都会产生一种负面影响，因此，表扬要讲究艺术。

一、表扬的作用

表扬，顾名思义，就是对学生在生活、学习等方面的正确行为表现给予肯定和认同。表扬在教师的教学实践中是一种常见的教育方法，对促进学生健康心理的发展、良好道德品质的形成具有积极的作用。它是师生间思想沟通、感情亲近、知识贯通的亲和剂。心理学研究和教育实践表明，对学生经常性地运用赞扬的方式进行勉励，能极大地激发学生潜能的发挥，促使其积极向上，不断进取，有利于学生的健康成长。俗话说"良言一句三冬暖"，表扬如春风化雨般滋润学生的心田，抚慰学生的心灵，带给他们的是喜悦、愉快和享受，从而促使他们追求真善美，拒斥假丑恶。

 人类本质中最殷切的要求是渴望被肯定。

——詹姆士

（一）激励作用

当教师使用赞美、夸奖、肯定、鼓励等方式来表扬学生的出色表现时，这种表扬带有强烈的感情色彩和鼓动情绪，把教师对学生的一种期望变成被激励者的动机和兴趣，从而增强荣誉感、责任感和奋发精神，它是使学生奋发向上的强大推动力。例如"你为班级争了光，是同学们的学习榜样"，"之所以有这么团结的班级，是因为有一个优秀的班长和他带领的优秀的同学们"，这些称赞的语言不仅当事人会受到鼓舞，其他同学也会受到明显的情绪感染，这种激励性的表扬，对受教育者有明显的鼓励作用。

案例4-1-1 乱班不乱[1]

一位全国优秀教师，接了全校出名的"乱班"之后，第一次与学生见面说："谁

---

[1] 李文芳、赵艳红、孙燕.教师语言艺术[M].北京：中国文联出版社，2002：122.

说我们班是个乱班？谁说我们班不能夺到全校流动红旗？我认为持这种说法的人太不了解我们班了，太低估我们的能力了。学校领导安排我带领这个班，就是要我带领大家夺红旗的！同学们，今年我们一定要把学校班级流动红旗扛回来！大家有没有信心？

学生的回答是响亮有力的。后来不到一年，果真这个班变成了先进班，扛回了流动红旗。

从案例中可见表扬成为激励这个班由乱变成先进的动力。因此，教师的鼓励对学生来说是一种强大的动力，能驱使学生不断地奋进。

（二）强化作用

表扬作为一种外在的、积极的强化手段，可以发挥学生的积极性，让学生体验强烈的自尊感和成功的幸福，激发学生强烈的进取心。尤其是处于小学阶段的学生，由于年龄小生活经验少的原因，他们的知识、心理、行为的稳定性较差，他们对生活中是非、善恶、对错现象的识别能力不强，教师的具体的表扬，能帮助学生强化识别是非、善恶、对错的能力。例如，"帮助同学是一种美德"，"作业按时完成，是爱学习的好习惯"，教师这样的表扬语言，使学生能明确地认识"美德"、"好习惯"的概念，对固化学生的正确的思想认识，具有鲜明的肯定作用。

美国著名教育家曼恩说过"习惯仿佛一根缆绳，我们每天给它缠上一股新索，要不了多久，它就会变得牢不可破"。这股新索就是用心关爱随时强化。只要我们真诚地赞扬学生的优点，使学生用优点强化优点，相信学生能越来越好，那么学生就会给你意外的惊喜和回报。

（三）引导作用

表扬，它的作用不仅仅在于赞美，更重要的作用在于引导。对于小学低年级学生，纪律观念较差，但他们有着极强的表现欲和好胜心理，时时都想争得老师的表扬和肯定，成为全班同学的榜样。因此教师就充分利用他们这一特点，运用表扬积极地引导，在满足其个人表现欲的同时，刺激其他同学的表现欲，从而保持良好的课堂纪律。

案例4-1-2 "演戏效应"[1]

在一年级二班上课时，一些同学总是控制不住自己小声说话，搞小动作，课堂秩序有些混乱。这时我不去批评那些不好的学生，而是对纪律一直表现很好的王佳欣同学提出了表扬，并以她为榜样，号召全班同学向其学习，这样就出现一种"演戏效应"。王佳欣同学由于受到表扬得到了满足就更严格要求自己，更好地充当榜样，而其他同学也会为争得老师的表扬去努力按照老师的要求做，这样课堂纪律就得到了明显改善。

从上述案例可见，教师很巧妙地运用了表扬的方法，没有去批评表现不好的同学，而是表扬了表现好的同学，从而引导全班去按照老师的要求做，取得了事半功倍的效果。

近年来，学校教育的课堂上可以说是赞扬"漫天飞舞"，赏识"无孔不入"。教师经常把"你真棒"、"你是最聪明的"、"我为你骄傲"等表扬的话挂在嘴边，可我们需要赞扬的是由于孩子自身的努力而发生的改变，孩子通过奋进而取得的成绩，而不是来自遗传的聪明和孩子无从知晓的"骄傲"，这样的表扬只能滋生孩子的虚荣心，我们要通过表扬，引导孩子往健康的思想道路上走。

（四）暗示作用

教师在教育教学中若能对学生进行热情的鼓励，合理地给学生以心理暗示，正确及时地表扬，一定能激发学生的求知欲，调动其学习积极性，从而取得比意想中更好的教育教学效果。如对于低年级的学生来说，很容易受到教师表扬的积极暗示，如为尽快提高一年级写字教学效果，提高学生写字水平，教师可以说："某某同学今天的字写得可真漂亮啊！""某某同学的字写得就像老师写的一样。""某某同学今天的字比昨天的又有了很大进步。"诸如此类，毫不吝啬地把夸奖和鼓励

---

[1] http://miao.blog.kpedu.com/archives/53498.aspx.

的语言送给学生。结果，原来字写得很差的几个同学写的字也渐渐地变得美观了，作业也越来越干净工整了。其原因就是教师的表扬给了学生一种积极的心理暗示，让他们从心里觉得自己的字真的和老师写的一样。这样，无形中帮助他们树立了写好字的信心，激发了他们写字的兴趣，提高了他们的写字水平。由此可见，教师的表扬在一定程度上对学生是一种积极的心理暗示，就会使他们朝着自己希望的方向去努力，就会收到事半功倍的教学效果。

知识百科 美国著名心理学家罗森塔尔（Robert Rosenthal）和雅格布森做了一个关于"未来发展趋势测试"的心理学实验。他们先找到了一个学校，然后从校方手中得到了一份全体学生的名单。在经过抽样后，他们向学校提供了一些学生名单，并告诉校方，他们通过一项测试发现，这些学生有很高的天赋，只不过尚未在学习中表现出来。其实，这是从学生的名单中随意抽取出来的几个人。有趣的是，在学年末的测试中，这些学生的学习成绩的确比其他学生高出很多。研究者认为，这就是由于教师期望的影响。由于教师认为这个学生是天才，因而寄予他更大的期望，在上课时给予他更多的关注，通过各种方式向他传达"你很优秀"的信息。学生感受到教师的关注，因而产生一种激励作用，学习时加倍努力，因而取得了好成绩。这种现象说明教师的期待不同，对儿童施加影响的方法也不同，儿童受到的影响也不同。借用希腊神话中出现的主人公的名字，罗森塔尔把它命名为皮格马利翁效应，亦称"罗森塔尔效应(Robert Rosenthal Effect)"或"期待效应"。

总之，表扬学生是教师在教育活动中管理、教育学生必要和有效的手段。作为教师，一定不要吝啬你对孩子善意的表扬。教师如果在自己的教育教学中恰当地运用善意的表扬，必定能激发学生学习的积极性和刻苦钻研的潜能。教师适时对学生进行表扬，会让孩子觉得自己在班上学习有无限的"成就感"，从而对学习更有信心，也会更加努力。

二、表扬的原则

研究表明，表扬并不是在任何情况下都有积极的心理效应的，使用不当就达不到预期的作用，甚至会产生消极的心理效应。如何实现有效的表扬，教师应遵循以下原则：

（一）及时原则

《学记》上有句话："当其可之谓时。"表扬要注重实效性，当学生表现出良好的愿望与行动时，教师应立即给予肯定，予以表扬，及时强化。及时的表扬可以提高学生对某一行为或活动的兴奋性，继而产生强烈的动机与欲望。当学生做了一件好事或成绩上有所提高，这时他的心理是急切希望教师的表扬，否则时过境迁，他们会低估自己的能力，并使原有的进步动机逐渐消失。尤其对后进生及时而适度的表扬，是促进其转变、前进的催化剂。例如，某学生连续几次迟到，今天早到了要及时表扬；某学生上课从未主动发言答过问题，今天这样做了，教师应及时表扬鼓励。每个学生都有得到老师表扬的渴望，老师应不失时机地表扬他们。

案例4-1-3　表扬一定要及时[1]

原本以为我所上的初二年级中的一位学生就是属于这样的学生。平时上课总开小差，作业情况也是一团糟，而且还有抄别人作业的情况，批评了多次也不见效。但是有一次他在课堂做对了一个简单的题目，我就趁机表扬他说："其实他只要认真学，成绩肯定会比现在都要好，从今天他答的题目我就看出来其实他是相当会动脑筋的。"结果我表扬过以后，这学生不但在这节课认真听讲、积极发言了，而且这样的劲头一直持续了好几节课，跟以前的表现大不一样，让我觉得他简直像变了个人。而且在以后的作业中，我发现凡是当时那节课的内容他做错的就很少。

案例4-1-3反映了教师针对一个表现不是很好的学生批评是无效的，反而在课堂上对他正确的回答及时进行了表扬，却收到了意想不到的效果。实际上，教师应去发现学生的闪光点，及时表扬学生的行为，肯定学生的表现，这比批评来

---

[1]　潘鹰.表扬一定要及时[EB/OL].http://sbc.hpe.cn/item-detail.aspx?NewsID=4579.2011.1.10.

得更有效。

案例4-1-4　表扬要讲究及时恰当[1]

在学习《二氧化碳的性质》这一课题时，我们的演示实验遇到了困难。演示二氧化碳的溶解性需要一些质地非常软的塑料瓶。现在市面的饮料瓶都比较硬，不能用。提前几天，我们就在班级发动了学生，希望能在偏远一点的卖店找到。没辜负我们的希望，真的有一位学生给找到了一些，解了我们的燃眉之急，我想一定要在班级表扬他。

第二天上课时由于演示实验比较多，只顾着和学生一样兴奋地观察现象，我就把这件事给忘了。又一天上课时，我才告诉学生们我们能够看到那么清晰直观的实验是因为有了李某的贡献，希望我们一起用掌声以示谢意，可是我发现他本人和同学的情绪并不太高。

以上案例反映了教师的表扬"迟到"了，没有对学生的行为及时表扬，所以作用不大。表扬要讲究火候，提早或迟到作用都会大打折扣的。

（二）公平原则

教师的表扬与鼓励是对学生最好的评价，这种评价是能否显示公平的教育过程中的重要一环。在一个班级中，总会有被教师认定为所谓的"好学生"、"差等生"，老师切忌对"好学生"表现出极大的热情，对"差学生"视而不见。教师在奖励或表扬学生时，也不要受个人对学生的好恶感和心情影响，要对所有学生一视同仁。否则，将会增加学生之间的不满情绪，当然也会降低教师在学生心目中的地位，影响师生之间的感情。教师更应该努力在后进生身上发掘那难得的"闪光点"，给他们更多的鼓励和赞赏，让各个层次的学生都找到自己心理的平衡点，在自己现有的基础上求更大极限的发展。

---

[1]　秦培花.表扬要讲究及时恰当[EB/OL]. http://www.bswgy.com/Article/Class22/jyxs/200908/3348.html, 2009.8.10.

案例4-1-5 "点名"[1]

班主任先自我介绍，然后翻开点名册。

"杨琴！"

"到！"

"杨琴同学，是××小学六年级一班的学生，"他立刻用稍快的节奏郑重地进行介绍，"四次被评为三好学生，在全市小学生数学比赛中荣获过二等奖。希望杨琴同学发扬成绩，为我们的集体做出新的贡献。好，请坐。"

全班立刻都向杨琴投去赞赏的目光。与此同时，一个人民教师对学生的尊重、信任、理解、热情和期望也注入了孩子们的心田，在被介绍的同学的内心深处激起了欢乐幸福的浪花。

接着班主任继续依次点名、介绍。每个学生一般都是一分钟。当他点到王刚的时候，有的学生竟发出了轻轻的讥笑声。因为这个王刚，在小学学习期间打架出名，曾受到过纪律处分。他们班的同学都知道，原来的班主任对他的评价："一个二流胚子！"今天老师也点了他的名，难道他也有什么可以炫耀的吗？

听到老师点了自己的名字，王刚犹豫地站了起来，昂着头，目光斜视，一副满不在乎的样子。他心里早有这样的准备：这位中学老师还不是像以前那些班主任一样先公布罪状，然后让大家监督，我怕什么，反正这辈子好不了。

"王刚同学，是××小学六年级二班的学生。"老师依然介绍得那样认真、严肃，"他在原校曾两次夺得全区少年运动会百米比赛第一名，为母校争得了荣誉。他心灵美好，据他的一位数学老师告诉我，有一次下课，外面下雨，数学老师没带伞，王刚同学主动撑伞送老师回办公室。这位老师说，那么多同学都在走廊里看雨景，只有王刚同学来帮助他，他很感动。我相信，在新的集体里，他一定能做出新的贡献！"

几句话，像一股暖流，唤起了王刚的希望。他想起来是有这么一件小事，没

---

[1] 涂光辉、雷晓波．班主任工作技能[M]．长沙：湖南师范大学出版社，2000：219．

想到老师还记得，更让他惊讶的是这位新班主任第一次肯定了自己在集体中的地位和价值，这让他鼓舞、自豪。

案例4-1-5反映了教师针对王刚这样一个调皮捣蛋的学生非但没有"揭短"，反而发掘其在其他方面的优点大加表扬，肯定了他在老师和班集体中的价值，也让其他同学对其另眼相看。苏霍姆林斯基说："让每个学生在学校里抬起头走路。"在日常工作中，对于平时表现欠佳的学生，万万不可抱有成见，要随时发现他们身上的闪光点，及时给予表扬。只有这样，学生才感到老师是公平的，是一视同仁的，从而培养全体同学的荣誉感和上进心，使表扬真正起到鼓励先进、带动后进的作用。如果因为教师的喜好和心情不公平地去评价学生，不但起不到积极、促进作用，反而严重削弱学生学习的动力，甚至引起逆反心理。

（三）准确原则

运用表扬的方法达到最佳效果关键在于准确，所谓的准确指两方面内容：

一是对受表扬者心理状态把握要准确。一个表扬，首先应对受表扬者本人产生效果，才可能谈到对其的教育作用。比如说某一位自恃很高的学生，成绩并不是很好。在一次考试中成绩突出，老师把他和一些他看不起的同学一起表扬，他即使受到表扬，心里依然不痛快。这样的表扬还不如没有，起不到鞭策的作用。

二是对于表扬的同学的事迹核实要准确。实事求是，适度挖掘内涵，发挥典型示范的效能。如果事实有误，榜样的作用难以发挥，还会使多数学生产生反感。有些教师认为，对学生表扬时，好话多说点不会错。事实并非如此，那些信口开河、随心所欲的表扬，不但对学生起不到激励的作用，反而会使教师威信下降。

（四）恰当原则

表扬的恰当原则体现在语言要合适得体、方式多样、适度适量、因人而异。

首先，表扬的语言要恰当、具体。学生是有甄别能力的，表扬不能夸大其词，夸大其词的表扬让人感到不真诚，往往过犹不及，很难收到好的效果。培根说过："对好事的称颂过于夸大，就会招来轻蔑和嫉妒。"表扬的语言也要讲究艺术。

案例4-1-6　如此"表扬"

一次，一个平时学习成绩不太理想的学生因为进步较快而受到了老师的表扬。老师说："某某同学是年级比较有名的差生，但在老师的帮助下，通过自己坚持不懈的努力，终于有了较大的进步。希望全体同学向他学习。"一席"表扬"，让这位学生一声不响地拿着奖状，垂头丧气地回到座位。

这句不得体的表扬，不但没有起到激励学生的作用，反而变成了一种变相揭短。

其次，表扬要因人而异。要使表扬真正成为教学行为的积极诱因，必须根据学生的个性心理特点和心理发展水平，要抑扬有度，因人而异。对于表现较好、各方面优秀的学生，教师的表扬贵在"精"，要明确努力的方向，提出更高的要求；对于那些表现平平、默默无闻的中等生，教师往往容易忽略，因此表扬应做到"业精于勤"，经常提及和表扬；对于后进生，他们往往成绩差，不守纪律，调皮惹事，但每个后进生身上都有闪光的地方，作为教师要善于发现他们的闪光点，要及时诚恳地赞赏其点滴进步，树立其上进心，使其闪光点得以发扬光大。

再次，表扬要适量。"久居兰室，不闻其香"。表扬也是如此，如果学生一直生活在"表扬"中，就感受不到表扬的存在了，不知不觉中就会失去表扬的榜样力量，从而显示不出表扬本身所具有的魅力；另一方面，如果学生一直生活在"表扬"中，他们就只看到自己的长处，看不到自己的短处，对别人的意见、建议根本不加理会，一切感觉非常好。表扬听多了，一旦受到批评，他们就矮了半截，强烈的虚荣心使他们有些一蹶不振。因此表扬一定要适量。

案例4-1-7　表扬要适量

有一位班主任，看到班上的学习委员多方面表现不错，且成绩经常名列前茅，为了鼓励其不断进步，号召全体同学向他学习，便每天都要表扬。由于表扬次数过于频繁，且有时又言过其实，因此，使其他同学渐渐与他疏远了，那位同学也因此而背上了包袱，不久便逃学了。后来班主任去家访，问其原因，那位学生说：

"老师您经常表扬我，我感到害怕，怕出了差错辜负了您的期望。"

上述案例可见，表扬不宜过多，要适度。表扬多了也就失去了意义。

最后，表扬的方式要恰当。表扬除口头外，还可以采取语言暗示、作业评语、短信邮件等方式表扬，另外还可以使用肢体语言，比如拍拍肩膀，竖起大拇指，微笑点头等都会使学生感到来自老师的肯定和鼓励。

（五）具体原则

教师在表扬学生的时候，一定要明确说明为什么表扬他。以便他能够形成一种正确的归因，从而使被表扬的行为获得放大、延伸的效果。不要直接赞美孩子整个人，而应该赞美孩子的具体行为，也不要夸大其词，否则孩子会沾沾自喜。在课堂中，一些老师习惯这样表扬学生，"老师认为你很了不起"、"你真是一个好孩子"、"你真的很棒"……其实，这样简单的表扬是笼统而模糊的，究竟好在哪里，好的地方得不到教师的肯定，不好的地方又得不到教师的指导。结果弄得学生雾里看花，丈二和尚摸不着头脑，不知道好的标准是什么。这样不分是非的表扬是空泛的、无原则的，不能真正起到对学生的激励作用，模糊了学生的认识，学生也没有真正体会到成功的欢乐。所以表扬学生要就某个细节或者某个行为进行有针对性的表扬。如"回答得很有新意"、"回答问题的思路很好"、"写得很流畅"……学生会很高兴自己的某个优点被老师发现并得到老师的肯定，之后学生一定会更加努力来展现自己这方面的优点，进而推动其他方面的发展。

（六）真诚原则

表扬是发自内心深处的赞美，而不是虚假的奉承，不要为表扬而表扬，只有诚心诚意的表扬才会被对方接纳。老师对学生进行表扬时要有发自内心世界的真情实感，只有这样才能感染学生，使学生树立目标，激励学生产生不断努力、勇于奋斗的动力。如果老师虚情假意，尽说一些空洞的话，学生会觉得老师不是在表扬他，这样老师的表扬就没有效果了。我们很多老师在表扬中缺乏真情实意，往往会喜欢加上"但是……"、"不过……"、"你今天表现得很好，不过，还要加油！"等这样的表扬，无论怎么听，都不怎么真心实意，似乎批评的成分还要多一点，这对学生来说起不到表扬鼓励的作用，反而变成了苛求。

案例4-1-8　如何鼓励学生[1]

一天早自习，我刚到校，班里的一名"调皮鬼"就来办公室找我，他低声说："老师，昨天放学后，我和初二的同学闹着玩，把门弄坏了，您批评我吧。"看到他内疚的样子，我并没有批评他，而是心平气和地跟他讲了爱护公物的道理，指出损坏公物的危害。同时指出，能主动找老师承认错误，这是诚实的，应该受到表扬。这样，在和谐融洽的气氛中，他心悦诚服地接受了教育。

上述案例中教师对学生的表现非但没有批评，反而真诚地去表扬，表达了教师对学生殷切的希望。如果只用一个"好"字表扬所有的人和事，容易给人不佳的印象，有时点点头，拍拍肩膀，笑一笑，说一两句贴心话，都会引起对方感情上的触动，缩短师生的距离。特别是对于低年级的学生，教师的情感表露在语言、表情甚至举手投足等姿势上，越能引起其感情上的共鸣。

三、表扬的策略

表扬既是一门学问，也是一门艺术，除了坚持以上原则外，在教学实践中还有一些策略值得借鉴。

（一）不要吝惜表扬，也不能滥用表扬

心理学家伯利纳通过实验证明：受到鼓励的学生学习劲头足，主动性很大，自信心有所增加，学习成绩不断提高。教师的表扬可以激发学生思维，引导学生思考，帮助学生成功。因此，教师一定不要在鼓励性语言上吝啬，要经常鼓励，要多表扬。对优秀的学生要鼓励，对大多数普通的学生也要借鼓励来促进其进步，在遇到一些暂困生或自信心不强的同学时更要加倍地鼓励。

[1] 案例分析——如何鼓励学生[EB/OL].http://gsyx.cersp.com/article/browse/3467619.jspx2010.11.22.

相反，有些教师一味地追捧"赏识教育"，在课堂教学中为了保护学生的积极性，提出评价以鼓励为主，出现了大量廉价的表扬，"好"声一片，张口就表扬，让学生觉得"表扬你有份我也有份"，结果不但没有起到鼓舞和激励的作用，反而使自己的威信下降了。一些过多的、笼统的表扬，成了美丽的空中楼阁。这是因为，太廉价或过度的表扬会使学生觉得老师的表扬不是真心的，而只是一种惯用的手段，是为了表扬而表扬。这样就不能激起学生的进取心和荣誉感，也很难使学生产生向往的心理。

名人名言　　　　对于人类的灵魂而言，称赞就如同阳光一样，没有它，我们便无法健康成长。不过，我们大部分人，只是敏于躲避他人的冷言冷语，而自己却吝于将赞许的阳光给予他人。

——杰丝·蕾尔

（二）不要随便把学生互相比较

教师要发现每个学生的独特之处，让他们根据自己的个性和特长来健康发展。并且要让学生明白，每个人都有自己独一无二的优点，而不能动辄就把学生互相比较。尤其不要为了表扬某一学生而去贬低其他学生，这样可能在表扬某个同学的同时，伤害了其他人，尽管教师也许是无意的。例如"你回答得真好，比有些同学强多了！""你的手工课作业完成得真好，全班无人比得上你！"类似于这样的表扬，就不可取。而应换成"你的回答正切中题意，很准确！""你的手工课作业做得真好，我想你一定花了很多心思，老师真喜欢你的作品！"就比较合适了。

（三）公开与私下表扬双管齐下

很多时候教师使用表扬都是采用公开表扬的方式，但不是所有公开表扬都是起正向作用的。研究表明，对低年级学生公开表扬效果较好，而对一些高年级的学生，教师在身旁低声地称赞比在全班表扬更令他感到愉快，因为这样做会避免它陷入被同学议论、讥讽的尴尬境地。但是，有些带有导向性、典型性的学生行为，教师应有意识地公开加以表扬，树立典型和榜样，引导学生向榜样学习。

（四）因人而异，寻找闪光点

金无足赤，人无完人，每一个处于发展中的学生都是一个不完善的人，自然会存在这样或那样的毛病，教师应该有善于发现学生闪光点的眼睛。马卡连柯说："你们应该善于发现学生比眼前所表现出来的更多的优点，这样做永远是正确的。"我们常常喜欢表扬那些课堂表现良好、成绩优异的学生，那么，考试只得40分的学生我们应该如何面对他呢？他有没有资格获得表扬呢？

案例4-1-9 "40分"表扬法

有一个学生其他课程学习都还不错，但始终对语文学习不适应。甚至一度产生过放弃的想法。期中考试，这个学生语文考了40分。我把这个学生叫到自己的办公室，翻开这个学生以往的成绩单说："你看看，你上次的考试成绩是30分，短短一个月的时间你居然提高了10分，要是按照这样的速度下去还了得。刚学语文，很多人都不适应，只要慢慢摸索，一定能够找到最适合自己的方法。你得为班里那些暂时落后的同学做个榜样，把他们带起来。有什么困难可以直接来找我。"这个学生被老师叫来，本来以为要挨骂，结果一路咧着嘴儿回了教室。设想一下，如果老师把他叫来，说："你看看你，上次30分，这次40分，老是在死水湾子里打转转，你说你有什么出息？！"我们可以比较一下这两种处理方式的结果。

可以想见，这位同学受表扬后，一定会更加努力，会继续进步的。有的学生基础差，尽管下很大的功夫可能也只能得五六十分，如果教师只表扬考高分的同学，那类似上面这位同学，也许永远与表扬无缘，只会自暴自弃，更谈不上进步。

（五）利用集体舆论，树立良好风气

集体教育的力量是伟大的。马卡连柯说："只有建立了统一的学校集体，才能在儿童的意识中唤起舆论的强大力量。这种舆论力量，是支配儿童行为并使它纪律化的一种教育因素。"教师要通过开展集体活动，如运动会、班班有歌声、美术展、春游等，发挥学生的特长，建立正确的集体舆论，培养集体荣誉感、自豪感，形成良好的班风，要充分发挥集体教育的作用，对每个班级成员施加教育影响。集体舆论对学生的影响，往往要比教师个人的力量大得多，也有效得多。一个好的集体可以帮助学生形成良好的思想道德品质，改变不良行为习惯，甚至可以影响、感化品行不良的学生，具有家庭教育和个别教育不可替代的作用和优势。比如教师经常鼓励学生说"我们是一个团结的集体""我们班的同学都是最优秀的""这个班的成绩是大家共用努力的结果"等，这种表扬一方面肯定了集体的良好风气，同时也鼓励了在班集体中的每一个成员。

（六）注重心理平衡，促进同学团结

心理平衡是同学之间保持友谊、互相团结的一种必要心理因素。有时候教师表扬一些学生，必然影响其他学生的心理平衡。如果表扬不当甚至会产生消极作用，使受表扬的学生孤立，没有被表扬的学生产生消极抵触情绪，从而达不到表扬的目的。因此，教师在表扬时要注意照顾多数学生的情绪，注意表扬方法和场合。不能让人感到教师把成绩、功劳都归于某一个或几个同学。要使未受表扬的学生也感到自己受到尊重和信任，而不是被歧视与压制。比如在运动会中班级取得了好成绩，教师就不要一味地表扬运动员，对其他同学忽视冷漠，教师可以这样说："之所以取得这样好的成绩，是因为我们有优秀的运动员和一群积极充满热情的啦啦队，成绩是属于大家共同努力的结果。"

（七）表扬与奖励结合

教师对学生的某个行为、某方面的进步特别满意时，或当教师发现"空口"表扬对某些学生的激励作用已开始下降时，不妨在表扬的同时，给予学生一些奖励。教师的奖励可以是物质奖励、精神奖励。针对不同年龄、个性学生的不同要求以及具体情境教师的奖励也应不同。小学生比较单纯，很重视教师对自己的表扬和鼓励，教师可以适当使用一些物质奖励，但切忌泛滥使用，如果不加以限制地使用，长期的物质刺激还会误导学生的学习目的，无形中给学生一种心理暗示：好好学习是为了得到奖励。所以大多时候我们鼓励教师使用精神奖励的方式，精神上的鼓励将起到持久性的作用，让人终身受益。

四、多种多样的表扬方法

表扬从不同的角度分有很多种方式，从表现形式可以分为口头语言表扬法、肢体表情表扬法以及书面表扬法；从表扬的具体途径可分为以下几种：

（一）登榜表彰法

借助黑板、班级小海报等形式表扬学生。教师可在班内开展文明周、文明月评比活动，每周（月）末，班上评出"文明十佳"、"优秀干部"、"学习进步奖"进行登榜表彰。对某一方面有突出表现的学生，也可采用授予荣誉的办法进行表扬，如"小小文学家"、"小小数学家"、"体育小明星"等。在授予荣誉前，要发动学生进行评选、评议，取得集体舆论支持。授予荣誉时，要注意场景的布置，气氛活跃、热烈，令人振奋。教师的态度和话语要真诚、庄重，使接受荣誉者感受自豪和愉快，并受到更高层次的激励和鞭策，从而也会使广大同学受到教育和鼓励，形成你追我赶的局面。

（二）借题发挥法

教师在表扬之前不明确地指出，而是借助其他事物作为话题，然后以此为引子转为正题。运用这种方法时，要准确恰当，灵活多变，要注意"借题"与"发挥"的自然衔接。

案例4-1-10　鼓励可以借此及彼

在实习时班上的一位同学学习成绩不好，尤其是数学，作业也不做。但我发现他画画得很好，经常在我课上画一些小动物、卡通玩偶等形象，一下课就会跑来把他画的全都送给我。一次上完课，他又拿着他的画来给我。我接过画微笑着说："海明，这画是你画的啊！真可爱，老师很开心，你能画这么好看的画，说明你很聪明，只要你用心学习，在学习上也一定会有好成绩的。"这时海明听了点点头说："老师我真的可以吗？""可以，老师相信你一定能行的。"在接下来的几个星期中，我发现他上课不再画画、折纸了，作业也按时交上来了，学习成绩也提高了。

以上案例中教师很好地借助画画这一话题把对学生的表扬转移到学习上，既肯定了学生的能力，同时又把表扬迁移到学习上。有些教师很可能处理不好，直接批评学生把时间都浪费在画画上，耽误了学习，这样的评价很可能就扼杀了学生各方面的热情。所以教师要抓准机会，更好地实现借题发挥，转移表扬。

（三）默许表扬法

有时，无声的表扬语言对学生的积极性调动作用更大，在教学中，每当学生完成教师布置的任务后，学习成绩有所提高、积极回答问题、上课专心听讲时，常常希望能得到教师的肯定与表扬。这时，教师可以面带微笑与学生的目光进行会合，向他们竖起大拇指、点头肯定或带头鼓掌，以示表扬，也可以用肢体语言，如亲切地拍拍他的肩膀、摸摸他的头、拥抱一下孩子等行动进行表扬。只有真诚的、衷心的表扬，才是最有效果的。这种表扬可使教师和学生达成心灵的默契，消除隔阂，使受表扬的学生在无形的精神动力鼓励下，扬长避短，不断进步，还可以避免由于表扬失真、失当对周围同学带来的副作用。

（四）背后表扬法

"背后表扬"就是当着一个或多个学生的面表扬另一个不在场的学生，其目的是通过听者传递信息，达到教育听者、鼓励被表扬者的目的。特别是被表扬者间接收到老师的肯定、赞扬信息，内心会十分感动，并化作一股上进的力量。

案例4-1-11 "背后表扬"作用大[1]

我班中有一女同学，个性很强，爱搞不团结，曾故意与几名同学一起干扰课堂纪律，影响老师上课。我接班后，并没有直接与该同学接触，而是充分了解这几名同学，观察她们的表现，然后找跟那名女生要好的同学逐个谈话，指出她们的长处和不足，而且有意识地在谈话中提到那名女生的优点。渐渐地，我发现那名女生的脾气变顺了，上课也认真了，对老师的态度开始转变。于是我乘势直接

[1] "背后表扬"作用大[EB/OL]. http://2010.henan.teacher.com.cn/dvbbs/topic.aspx?topicid=7223.

与她谈话，从一名学生，特别是一名女学生必须具备的素质讲起，对她进行全面的剖析、充分的肯定，并把她的一两件突出的事拿出来详细剖析，使她深刻地认识到自己的言行原来是那么令人厌恶。

从案例中这位女同学的转变可以看出，"背后表扬"起到了增加师生相互信任的桥梁作用。在此前提下，老师才能进行更有效、直接、深入的教育。

（五）家长转告法

教师将学生的进步通过电话告诉家长，家长会及时地传送给孩子，其孩子听了，心里显然是甜滋滋的，在家长面前更有自信，做事干劲倍增，也能够让家长对孩子有更多的了解，从而更好地辅导孩子。赞美有利于培养孩子良好的行为习惯和道德品质。孩子道德品质形成的最初阶段，是非观念模糊，自制力差。因此，成人的引导、奖励与赞美至关重要。赞美孩子，能激发他正确的外在动机，逐步形成良好的行为习惯和心理定势。成人对孩子小小的成功表示赞美，可以强化孩子获得成功的情绪体验，满足其成就欲，激发他继续尝试的兴趣和探索的热情。

第二节　教师批评学生的艺术

批评和表扬一样，也是教师对学生进行评价的一种方法，是一种消极的强化，即通过否定学生的某种行为，使他情绪上受到一种被罚的体验，从而唤起学生对自己行为表现中存在问题的警觉，引起学生对所犯错误的反思，激起学生改正缺点和错误的愿望，进而向着正确的方向前进。学生正处在思想由不成熟逐步走向成熟的关键时刻，他们在学习、生活中不可避免地要发生一些错误，教师就要对此做出适当的批评教育。教育部印发的《中小学班主任工作规定》中第十六条规定：班主任在日常教育教学管理中，有采取适当方式对学生进行批评教育的权利。因此，教师如果使用恰当的批评，能指点迷津、启迪心智，反之，欲速则不达，事倍功半，起到反作用。所以，教师掌握批评的艺术对学生的成长至关重要。

一、批评的原则

批评只是一种手段，批评要能够指正学生的错误，让学生健康茁壮成长；同时要讲究方法与艺术，让学生体会到教师的期望，从而促进其人格健全发展。因此，能否恰当地把握批评的原则，是教育能否具有良好作用的关键。

（一）客观公平原则

公平对于教师来说即指一碗水端平，批评的标准要客观一致，绝不能有好几把尺子，亲者宽，疏者严。无论是平时表现较好的学生还是调皮任性的学生，都不能有一丝一毫的偏袒。但做到完全公正似乎有点难，面对同样是做错一件事，对于平时各方面表现较好的学生，老师往往会无意地往好的方面去想，认为是偶然的或是无意的，常会大事化小、小事化了，因而对他比较宽容、理解；而对于平时表现较差的学生，老师常会往糟糕的方面去思考，而投以另一种目光，认为是必然的或是故意的，因而常会小题大做、百般刁难，又是批评又是检讨，很少会轻易放过。教师这种无意中形成的厚薄之分，对那些更需要关心、帮助与鼓励的学生来说，会让他们因为教师的不公而承受更大的心理压力，并促使他们对抗情绪的高涨，从而增大了教师教育的难度。

客观即教师批评学生的事件要事实确凿，判断准确，说理充分，这也是批评成功的客观基础。教师一定要深入了解事实，调查情况，通过研究分析后对学生的思想行为做出实事求是的评价，给予公正合理的批评。对缺点和错误，既不能夸大，也不缩小，不但要明确指出错在什么地方，还要帮助找出改进方法，使学生在教师指导下改正自己的错误。如果对学生的违纪行为不做深入细致的调查，只是道听途说，或只见树木、不见森林，或听到风便是雨，那么在进行批评时，教师势必会开口千言，离题万里，不可能一语中的；而学生则会顿生反感或反抗，认为教师主观臆断，没有必要与之合作。[1]这样当然也就达不到批评的效果了。

（二）尊重爱护原则

尊重和爱护学生是批评的核心。我国著名心理学家、教育家林崇德教授认为：

[1]　肖宁. 浅谈批评学生的艺术[J]. 当代教育论坛，2003（05）：80.

"表扬是爱，批评也同样饱含着对学生的爱。"现在的学生很多都是独生子女，有一部分学生更是在单亲家庭里成长，为此，其强烈的自尊心比以前的学生有过之而无不及，尤其是后进生的自尊心更是强于其他学生。而实际上，在他们的内心深处，仍有上进要求，渴望得到老师和同学的帮助。著名的教育家马卡连柯曾说过："得不到别人尊重的人往往有强烈的自尊心。"因此，在批评学生的时候既要讲原则，不迁就其错误的思想行为，又要讲感情，尊重他们的自尊心。这样，被批评的学生就不会感到自己是挨骂，而是在接受教育，他们会从心底里感激你对自己的关心和爱护。正所谓"亲其师，而信其道。"教师的话语他们会听进脑子，并努力地去做好。这样。我们的批评效果就达到了。

尽管我们的批评未必会有切肤之痛的深刻，但能从尊重学生、爱护学生出发，学生最终会领悟老师的用意。实际上批评也是爱。

名人名言 ○ ○ ° 　一个好教师，就是在他责备学生、表现对学生的不满、发泄自己的愤怒的时候，也时刻记着：不能让孩子那种"成为一个好人"的愿望的火花熄灭，而应"充满情和爱"。

——苏霍姆林斯基

(三) 注意场合原则

"假如批评一个人我会用电话，假如赞扬一个人我会用广播。"这是著名国外学者李·艾科卡关于批评的告诫。批评学生时必须讲场合和范围，教师应根据学生犯错误的性质、程度选择适当的场合、时机开展批评。教师一般不在公共场合批评学生，尤其学生年龄越小，教师越要注意这一点。因为学生的身心尚未发育成熟，心理较脆弱，承受能力有限，而自尊心又较强。因此，教师批评学生应当尽量私下个别批评，以利于师生之间倾心交谈，坦诚相对，减轻学生的心理压力，避免伤害其自尊心。必须当场提出批评的，应及时批评；事态不严重的，也可以事后提醒，以达到既纠正了偏差，又防止了因小题大做而伤害被批评者自尊心的作用，从而给学生创造认识和改正错误的良好环境；性质较为严重、影响较大或者带有普遍性的人和事，可公开批评，起到对全班同学"敲警钟"、以防止事态发展的作用。学生已经认识到个人的错误，并处于自责状态时，可以用委婉的语气批评或事后批评；学生认为自己有理，而且抵触情绪特别强烈时，最好不要正面严厉批评，以免引起师生冲突，出现难以控制的事态。批评的场合还应注意以下几点：

1. 细小问题不当众批评。有些班主任不管事情大小，只要学生做错了事，就不分场合地教训一番。长此以往，学生对教师的批评会采取无所谓的态度。

2. 家长在场不批评。有些教师喜欢当着家长的面数落学生的缺点，这样做，容易让学生产生老师在"告状"的感觉，对教师产生对立情绪。

3. 课堂之上不批评学生。不少教师习惯利用正常上课的时间来批评学生，一方面占用了所有学生学习的时间来批评个别人，二来使学生在集体中的自我形象受损，必然会引起学生的反感，批评的效果自然也就大打折扣。

（四）把握时机原则

学生犯了错误，并不是在任何情况下、任何时候里的批评都能奏效的。教师应当根据问题的实际情形，把握好批评的适宜时机，安排好批评的最佳时间。判断批评时机的依据是学生的心理状态和现实处境。一般而言,学生内心刚刚平静时、取得细小进步时、遇到困难需要帮助时等，都是很好的教育时机。而学生正犯错误，或者刚刚犯过错误时，其内心都不会平静，甚至是怨气、怒气正盛的时候，这时教师不妨先"避其锋芒"。教师还必须知道，学生一般都有要求上进的心理，如果自己的行为得到老师和同学的肯定，他们往往会产生满足感和愉悦感，从而更加努力地去做好某件事情。教师应当根据学生的这一特点，及时发现并肯定学生的进步，然后再指出其缺点，提出新要求。这样学生就比较容易接受批评，就会想方设法去改正错误。

（五）就事论事原则

就事论事原则一方面指批评学生时要对事不对人，另一方面指就一事论一事。首先，在学生犯错误时，我们是批评他这种错误的行为而不是批评学生这个人，只有这样，才能避免伤害学生的自尊。批评人只能引起学生的抵触，学生也不明白为什么会被批评，不知道要改进什么。批评他的错误行为却会使学生明白为什么会被批评，需要改进什么，而且又不伤害学生的自尊，这才是批评的目的。其次，在批评时要做到就一事论一事，不要把以前和这次没有关系的错事拿到一起来讲。在现实中，我们许多教师批评学生时，就会把这个学生以前所做过的错事也一起提出来，并经常武断地说这个学生怎样不好，怎么怎么差。其实这样会适得其反。这次犯错误是因为这件事，与以前的事无关，与学生这个人的品德也无关系，可我们硬是要把它们连在一起说。这样，学生就会觉得你这个教师跟他过不去，有的学生甚至认为是在报复他以前所犯的错误，那么，学生的逆反心理就出现了。

因此，教师在批评时必须把解决具体问题作为根本目的，对事不对人，就事论事，表现出对学生的充分信任和真诚态度。只有这样才能有效地抑制情绪的扩大作用，减少学生的抵触情绪，取得批评的应有成效。[1]

（六）因人而异原则

教师在实施批评教育时，要根据学生的个性特点选择采用不同的批评方式和批评策略。对于性格内向、自尊心较强的学生，态度不可过于严厉，批评不可过重，批评用语要注意斟酌；对于勇于认错的学生，不可过于责备，对其错误点到为止；对于性格倔强的学生，不可与之正面冲突，一争高低，而应进行和风细雨式的批评；如对于有惰性、有依赖心的学生，措辞宜较尖锐，语调较激烈，但绝不能讽刺挖苦、肆意辱骂；对于自尊心较强的学生，对其错误不宜"和盘托出"，而是逐步传达出批评信息，使对方逐步适应，逐步接受；对于脾气暴躁、性格倔强、容易激动的学生，宜以商讨的方式，平心静气地使其在一种友好的气氛中自然接受批评意见。可见，教师在实施批评教育时首先要深入了解每个学生的个性特点，谨慎为之。

（七）情理交融

古人云："感人心者，莫先乎情。"批评学生要摆事实，讲道理，以理服人。

[1] 宋坤强、张叔东. 试析批评教育的局限性[J]. 山东教育科研，2000（03）：57-58.

130

教师要从关爱学生的目的出发,对学生要和蔼可亲,语气温和。情感是育人的基础,情感是师生之间的心灵纽带,任何批评如果不用感情去打动人心,只一味硬邦邦地讲道理,学生往往难于入耳,入情才能入理,入理才能入心,只有情理并重的语言,才是苦口良药,学生才乐于接受。对有错误的学生,我们要耐心地和他摆事实、讲道理,"晓之以理、动之以情"。不仅让其"知其然"还要让其"知其所以然",以此来提高他们懂道理、讲道理的自觉性;批评的言语必须是诚心诚意、富有人情味。批评学生,必须是真心实意帮助学生改正错误,而不能因自己的权威受到了触动,丢了面子,把心中怒气发泄到学生身上,进行挖苦、讽刺。批评要让学生体会到爱心和关切,从而真正敞开心扉与教师进行交流。

案例4-2-1　爱的感化

我曾经教的学生陈荣,在我接手时,打架、赌博无所不为,迟到、旷课无时不有。我曾经多次找他谈,做耐心细致的工作,但他无动于衷。一天晚上他生病发高烧,我深夜把他送进医院,一直守候在病床前,待他输完液又把他送回学校,给他倒水、送药、熬粥。直到病愈后来上课,我问他病是否痊愈,他点了点头,当时眼圈就红了。我说:"身体是革命的本钱,要爱惜自己的身体,你很聪明,反应和接受能力很强,若能改掉恶习,好好学习,你一定能考上一个好高中。"停了一会儿,他说:"老师,我知道该怎么做,再不好好学习,就对不起老师!"之后,他再没有违纪,学习变得主动积极、刻苦努力了,最后以较好的成绩考上市一所普通高中。

常言道:人非草木,孰能无情?只要我们在教育过程中重视情感,必然会带来学生的激情和热情。

名人名言　○○°　批评的艺术在于严厉与善良的圆满结合,让学生在老师的批评中感受到的不仅仅是合乎情理的严厉,而且是对他充满人情味的关切。

——苏霍姆林斯基

二、教师批评的策略

批评要讲究艺术，恰到好处的批评能够有效地纠正学生的不良行为和缺点，但如果掌握不好尺度，则会使学生损害自尊，自暴自弃。苦口良药学问深，作为教师应该抓住恰当时机，采取适当的批评方法，掌握巧妙的批评艺术，才能药到病除，收到良好的效果。下面我们看两个例子，审视一下我们教师应该如何运用批评的艺术。

案例4-2-2　故事两则

故事一：一个被执行死刑的青年在赴刑场时，围观人群中有个老太太突然冒出一句："看，他那金色的头发多么漂亮迷人！"那个即将告别人生的青年闻听此言，朝老太太站的方向深深地鞠了一躬，含着泪大声地说："如果周围多一些像你这样的人，我也许不会有今天。"

故事二：一位先生教两个学生，一个他非常喜欢，一个他非常厌恶。一天，两个学生都拿着书睡着了，老先生朝着自己厌恶的学生抽了一巴掌，教训说："看看你，一拿起书就睡觉，你看看人家，睡觉了还拿着书本！"

故事中的教训是深刻的，更值得我们深思。作为一名教师，在教书育人的过程中讲究批评的方式和批评的技巧特别重要。那么，怎样批评才能使学生乐于接受，才会取得好的教育效果呢？

（一）批评讲究语言艺术

一说到批评，有人认为似乎只有声色俱厉，才显得威严而有力。事实上，很多时候，这种批评并没有收到预期的效果，有时甚至适得其反。一般说来，有效的语言都带有注意分寸、不讽刺、不挖苦，能动之以情、晓之以理的特征。而在表达方式上，和蔼亲切、诙谐幽默、委婉含蓄的语气，在批评学生时更能达到春风化雨、润物无声的效果。

1.批评巧用幽默

幽默的语言既妙趣横生，令人发笑，又精辟入理，令人回味。教师的批评如果也能运用上幽默的话语，则胜过那干枯的说教。前苏联教育家斯维特洛夫认为："教育最主要的，也是第一位的助手，就是幽默。"幽默是一门"笑"的艺术，它能含蓄、委婉、温和而不使人生气地去批评某人某事。因此，幽默能巧解课堂矛盾，活跃课堂气氛，让学生在愉悦中领略老师的意图，从而改正错误。

案例4-2-3 正话反说的幽默

一次班会上，我针对个别学生值日不认真甚至不做值日的现象，来了个正话反说："同学们，最近我班涌现出一批颇具爱心的学生，他们扫地时总是轻描淡写，可谓扫地不伤蝼蚁命；还有些同学，总是让清扫工具静静地躺在工具箱里，不忍心让它们沾染半点灰尘，更可谓菩萨心肠。大家说这些同学不值得表扬吗？"同学们忍俊不禁，哑然失笑。在笑声中，那些不爱做值日的同学羞愧得满脸通红，深深地埋下了头。

在批评过程中，使用富有哲理的故事、有趣的双关语、形象的比喻、诙谐的发言等，使批评在轻松愉快的气氛中进行，能收到事半功倍的效果。比如说，有个老师在上课时发现有个男生把脚从鞋子里拿出来，晾在外边，旁边的同学受到臭味的袭击，又不好意思说，课堂氛围受到了影响。这个老师走到学生身边，趴到他耳朵边上悄悄说："你的鞋真好看，但是，鞋里边的内容就不要拿出来展览了嘛！"这个同学马上知趣地把脚放了回去。再比如，要惩罚学生打扫教室可以说："奖励你一次劳动光荣的机会"；面对学生上课睡觉可以说："为了提高你的学习效率，让老师陪你站一会好吗？"不同的表达方式会产生不同的效果，作为老师，批评应讲究语言艺术。

2. 含蓄的批评

批评学生不在于语言的尖刻而在于形式的巧妙，其关键是朦胧、含蓄。当发现学生有某种错误苗头、但还不能确定时，采用含蓄暗示、提醒学生注意的批评方法，以打消学生的某种不良动机和错误行为。

案例4-2-4 "不劳而获"的解释

有一次,听说我班一女生拾到别人的 100 元拒不返还,她自认为这样并不犯法。正好她到办公室交作业,于是我半开玩笑地借用语文老师的名义问她:"你帮语文老师弄清一个概念,什么是'不劳而获'呢?"她很快地回答:"就是不经过劳动,就占有成果吧。"我接着问:"那么,拾到别人的东西据为已有,是不是'不劳而获'呢?"她无言以对,下课后,她主动把拾到的钱返还了遗失者。

可见,含蓄能够避免尴尬,运用巧妙的含蓄,好像什么都没说,实际上什么都说了。含蓄暗示的方式,既让人认识到错误,又让人保持应有尊严和风度,不愧为一种一箭双雕的好方法。

(二)批评注重给学生正面引导

讽刺、挖苦、整学生都是批评的不良手段,不仅起不到有效持久的教育目的,而且容易与学生建立敌对关系,使学生失去了对教师的信任,使教育陷于僵化状态。

案例4-2-5 装"满"的碗

徒弟学艺多年,出山心切,赶去向师父辞行:"师父,我已经学够了,可以独闯天下了。""什么叫够了?"师父问。"就是满了,装不下了。"徒弟答。"那么你装一大碗石子来。"徒弟照办。"满了吗?"师父问。"满了。"徒弟十分自信。师父抓起一把细沙,掺入石中,沙一点儿没溢出来。"满了吗?"师父又问。"这回满了。"徒弟面有愧色。师父又抓了一把石灰,轻轻洒下,还是没溢出来。"满了吗?"师父再问。"满了。"徒弟似有所悟。师父又倒了一盅水下去,仍然滴水没有溢出。"满了吗?"师父笑问。徒弟无言以对。

从表面上看,徒弟确实把碗装满了,可既然师父能再装进东西,就不能说碗已满了。面对徒弟的缺点,师父既没有姑息迁就,也没有严加训斥,而是以形象直观的教育手段循循善诱,给徒弟以"良性刺激",教徒弟认识到自己的不足。这位师父所采取的别致的批评方式,具有十分高超的艺术性和感染力,非常值得教师学习。

（三）不要不断地指责

面对做错事情的学生，教师不要总想着批评学生。批评，不断地指责，只会让学生形成积习。教师批评学生不是为了批评而批评，而是为了让学生意识到问题并解决问题，帮助学生改进，是让他们掌握做事情的正确方法，掌握正确的行为准则，让他们学会对自己做的事情负责。

案例4-2-6　如此"救命"的教师

一个小孩在河边嬉戏玩耍，不留神掉到水中。有位教书先生正好打这经过，孩子朝他呼救："救命啊！我要被淹死了！"听到喊声，这个老师转过身来，马上厉声斥责起来："啊！顽皮鬼，瞧瞧吧，你看你做的傻事把自己弄成啥样了，对你这种淘气包可真得留心！你的父母真倒霉，对这种小混蛋要把心都操碎！我真同情他们的命运！"等他唠叨完了以后，才把孩子拉上岸。

许多教师大概都能从以上故事中看到自己的影子。所以请老师们先把学生从困境中拯救出来，然后您再高谈阔论一番也不迟呀。

（四）"无声胜有声"的批评

有人说老师都有一双会说话的眼睛。在批评学生的时候，老师有意识地保持沉默，用眼神、用微笑去批评学生也是一种较好的方式。对有过错的学生，只要你会心地对他一笑，他往往既心知肚明，又感到这是对他的一种莫大的尊重、特殊的信任。利用沉默这种批评方式使学生在沉默的氛围中感受到老师的不满和责备，从而领悟到自己的过错。例如上课时，有些学生在下面说话，如果教师突然中断讲课，沉默一会，学生会警觉起来，思想马上集中到课堂上去。这比大发雷霆更有利于维持课堂秩序。

案例4-2-7　无声的批评

看过这样一个故事：一所乡村学校请到一位省特级女教师来上公开课，当特级教师走进教室的时候，讲台上乱七八糟地散落着粉笔，桌面上铺着一层粉笔灰。特级教师用目光扫视一周后，迅速收拾好桌子上的粉笔，然后走下讲台，绕到前面，背对着学生，面对着黑板，轻轻吹去桌子上的粉笔灰。片刻的沉静后，教室里响起了一片掌声……

从这个故事中，我们可以看出这个教师非常懂得"批评"的艺术，面对教室糟糕的卫生环境，她没有流露出丝毫的不满，只是"用目光扫视一周"，这无疑是一种无声的批评，同时用自己的言传身教和宽容赢得了学生的掌声，从而达到了"此时无声胜有声"的教育的最高境界。

三、批评的方式方法

批评按照表达方式可分为口头谈话批评和书面网络批评；按照批评的具体效用可分为示范性批评、渐进式批评、参照式批评、商讨式批评、抑扬式批评、鼓励式批评、间接提醒式批评等多种方法。

（一）批评的方式

1. 口头谈话批评

口头谈话是教师和学生面对面地交流，它最直接、最完整地表达双方的看法和观点，是教师最常用的方法之一。

案例4-2-8　谈话式批评

在实习期间，我班的一位学生和2班的学生因打乒乓球而产生了矛盾，便打了起来。事后，我经过调查，对事情也有了了解，就叫来了打架的两位学生，他们一进办公室便低着头沉默不语。"听同学们说你们乒乓球都打得不错，都是自己班的球王，下次教老师好吗？"他们点点头表示愿意。接着我向他们讨教打球的方法，他们你一句我一句地教了我很多，我们聊得很开心，接着我说既然你们有共同的爱好，何不做好朋友，以后可以切磋球技，相互学习。何必去打架呢，男子汉大丈夫不拘小节，你们握手言和好吗？他们俩互相看了一下，握着手笑了。

2. 书面网络批评

对于许多敏感的话题，教师如果无法通过语言与学生有效沟通，那么可以通过书信或者网络交流的形式来委婉地表达批评和责备的意味。网络形式是现在较为流行的一种沟通方式，当学生犯错误时教师可通过 QQ 聊天工具、发电子邮件等方式进行沟通。魏书生老师就非常喜欢用书信的形式与学生交流，他的很多批评也是通过书信来完成的。书面交流时可以和学生交心，许多学生口头不愿意表达的情感，都愿意以书面形式呈现给老师，增进师生间的了解。书面批评时言语要仔细斟酌、恰如其分，同时也给对方冷静反思的机会，并不伤害他的自尊。不失为一种良好的批评方式。

案例4-2-9　给学生的一封信

一次，魏老师发现班上两个学习成绩优秀的学生开始出现早恋倾向，学习成绩在下滑。直接找他们谈话可能反倒使早恋倾向变成现实。因为现实生活中学生中间出现的早恋现象有相当一部分是教师逼出来的。魏老师经过认真思考，决定采用旁敲侧击的方式来教育学生。他给两个学生分别写了一封信。信中说："我老家村子周围有一片果树园，寒去暑来，春华秋实。有一年秋末冬初，我突然惊奇地发现，有些就要落叶的树枝上竟然又开出了一簇簇小小的果花。不久花谢了，居然也结出了山楂般大小的果子。可惜没过几天，霜冻就来了，叶落尽了，小果实也烂掉了。后来，我才明白：不该开花的时候开花，不该结果的时候结果，是会受到自然规律惩罚的。这种自然现象对我们有什么启迪呢？"老师的信引起了同学的深思，后来他们分头找到老师，表示要以学业为重，把感情的事先放在一边。

当学生出现问题行为时，教师没有歧视、挖苦，也没有斥责、辱骂，书信里充满了善意和温暖，相比而言，这样的批评教育更容易被学生接受。

（二）批评的方法艺术

1. 示范性批评

"人非圣贤，孰能无过。"而作为教师，我们为人师表的品质时刻影响着学生，所以任何时候教师以身作则的榜样力量是伟大的，在批评学生的时候我们无妨以己为例。一位教育家说过："老师个人的范例对于青年人的心灵，是任何东西都不能代替的最有用的阳光。"有时，班主任对学生最好的批评与教育，就是以身作则，亲身做个示范和榜样给学生看，教师的言行暗含期待，这种信息会通过各种渠道影响学生，胜过无数批评的语言。

案例4-2-10　以身试教

一天清晨，班主任走进教室，一眼就看见拐角处堆满瓜果皮、废纸屑，还有昨天一位同学吐的脏物，依然挑战似的堆在那儿。按道理，老师已说过多次，为什么竟无人理会呢？他真想运用班主任的权威拿今天的值日生开刀，来个"杀鸡给猴看"。

但这是解决问题的根本方法吗？班主任想，为什么现在的学生不愿意倒垃圾呢？独生子女在家中是心肝宝贝，多数不干这种脏活，有的家长还叮嘱过："别倒垃圾，细菌多，会得病的……"老师想起了榜样的力量，他对同学说："老师和你们一样都是集体的一员，我要求大家不怕脏，那就首先由我做起，今天的垃圾我来倒。"说完，他拿起簸箕，把垃圾扫干净倒了。看到这一幕，值日生惭愧地低下了头。从那以后，班里的纸篓天天都有人倒了。

从以上案例可见，教师没有把学生不倒垃圾这件事当众批评指责，而是想起了榜样的力量，所以把自己置身于学生的行列，亲自去做这件事，让学生感悟教师举动背后的教育意义。可见，这种批评的方式不仅解决了问题，还赢得了学生的尊重。

2. 渐进式批评

所谓渐进式批评即批评时对错误不"和盘托出"，而是逐步传达出批评信息，使对方逐步适应，逐步接受，这种方式对于自尊心较强的学生很适用。如果教师对于学生的错误在大庭广众之下、不留情面地批评，可能会伤害学生的自尊心，造成僵局。此时，教师最好是"放他一马"，给学生找个台阶下，化解尴尬的局面。同时不忘提出暗示或事后进行批评教育。

案例4-2-11　以退为进的批评

有一次，有个学生把一把木制米尺弄坏了，有学生报告到数学老师那里。大家对老师如何处理这件事拭目以待。这位老师向大家解释，这把米尺原来就有一道小裂缝，只是大家没发现而已，老师家里正好有一把米尺放着没用，拿来用就是了。事后，这个学生主动找到数学老师，承认了自己的错误，自觉赔偿了一把新米尺，并逐渐改正了以前的许多缺点，从后进生转化为一名品学兼优的学生。

这种"巧下台阶，放他一马"、以退为进的方法，是对学生人格的尊重，让他明白教师对他的爱，对他的希望。留一片空白，使学生清楚自己的错误，这对帮助他矫正自己的行为，往往会起到意想不到的效果。

3.参照式批评

参照式批评也可叫类比式批评，即借助他人的经验教训，运用对比的方式烘托出批评的内容，使被批评者感受到客观上的某种压力，促其自我反省。这种方法对于盲目性大、自我觉悟性差、但易于感化的学生较为适用。这种批评比较婉转，易于感化学生，使他们明白自己为什么错了，错在哪儿，容易接受。如一位学生作业潦草，令其重作，也依然如故。这时，教师找了一本字迹工整的作业给他，并对他说："你看这本作业写得多好啊！你只要认真，我相信也能写得这样好。"自此以后，该生作业潦草的毛病居然得到了克服。

案例4-2-12　如此"批评"

有位教师授课时，发现几位学生昏昏欲睡，听课走神，本应批评，但教师并未这样做，而是讲道："今天一二三组的同学听课注意力非常集中，四五组的大部分同学听课也比较认真，这很好！虽然是上午第四节课，但绝大部分同学能振奋精神，认真学习，值得表扬。"教师的话犹如兴奋剂，大多数学生受到了鼓舞，那几位睡意蒙眬的学生听后也为之一振，打起精神来。

这种参照式批评不仅表扬了大部分学生的优点，同时还反衬了少数学生的缺点和不足，造成一种积极进取的心理气氛，促使少数学生转入"正轨"，赶超先进。

4. 商讨式批评

商讨式批评即以商量、讨论、交流的方式，心平气和地使其在一种友好的气氛中自然接受批评意见。这种批评是带有商量讨论性质的、用温和的口气进行的批评。这种方法适用于脾气暴躁、个性和对抗性很强的学生。一般的做法是老师以商量问题的态度，把批评的信息传递给学生，与学生交谈时，平心静气，创造一种宽松、愉快的气氛，使学生打消顾虑，与老师配合，达到圆满解决问题的目的。学生是幼稚的，常在主动工作和做好事的时候犯错误。对于这种由于想得不周到、顾此失彼的错误，绝不能简单否定、讥笑。老师要热心提出一些建设性的意见，在他们面临失败的时候，帮助他们取得成功。或者老师用带有强烈感情色彩的惋惜来表示自己的批评态度。如"你什么都好，就这方面存在不足，实在可惜"，"你要是不犯这个错误，那该多好啊"。这种方式既达到了批评学生的目的，又体现了老师对学生的理解和爱心，寥寥数语，效果却很明显。

案例4-2-13　批评的艺术

有两个男生为一件小事争吵起来，大打出手，互不相让。班主任找他们谈话，他们互相责怪，都不承认自己有错。班主任开玩笑地说："你们都没错，是老师的错，行了吧？"他俩停止了互相埋怨，不好意思地低下了头。班主任让他们先坐下来，并给他们倒了两杯水，然后又心平气和地对他们说："同学好比亲兄弟，有什么事不好商量呢？真叫人心疼！以后毕业了，想见面都难啊！如果能有机会碰在一起，想起今天的事不感到惭愧吗？"这番话说得那两位同学满脸通红，气先消了大半，各自认错，相互道歉，事情得到了圆满解决。

当学生出现不良表现时，教者不应单纯居高临下高声训斥，而应以平等的姿态，心平气和地与之商讨，使其认识错误，这比以势"压人"更能为人所接受。

5. "抑扬"式批评

卡耐基说："听到别人对我们的某些长处表示赞赏后，再听到批评，心里往往好受得多。"所以，首先肯定其优点，然后指出其不足，再进行激励，这样，不但学生容易接受，而且会增添前进的信心和勇气。有经验的教师一般采取"赞赏——批评——激励"的方式来批评教育学生。

案例4-2-14　分步骤批评法

有一次，一个学生在扫完地以后，垃圾没有倒而是放在墙角边，于是，老师这样批评他：第一步——赞扬："今天的地面扫得很干净"，第二步——提醒（实为批评）："只是还有一个地方需要再完善一下"，第三步——激励："这是个小问题，我相信，以后不会再有了。"听完老师的话，这个学生立即把垃圾扫起来倒掉了。

在批评前，教师要找到犯错学生的优点进行表扬，营造一个良好的氛围，再指出其问题。这样，犯错学生往往易于接受批评。

6. 鼓励式批评

鼓励式批评是通过表扬的手段达到批评的目的。这种方式可使学生在轻松愉快的心境中接受批评，既保护了学生的自尊心，又树立了学生的自信心，使学生看到前途和希望，在接收到正面肯定信息的同时也进一步感受到老师的批评，在自我领悟中逐步实现自身的转变与进步。对一些心理承受能力较差的学生，一般宜通过鼓励达到批评的目的。使他们从鼓励中发现不足，看到希望，增强信心。

案例4-2-15　捕捉最佳时机，提高教育效果[1]

接了一个新班，开学前做了大量的家访，开学后与许多同学谈了心，又花了

---

[1] 王化泉.捕捉最佳时机，提高教育效果[J].班主任，1999（04）.

不少心血制订新学期计划……工作做了不少，不料第二天一早，班干部就来告状：李某将自己的决心书从墙报上撕掉了。我非常生气，想立刻把这位同学叫到办公室严厉批评一顿。但我忽然想到，这位同学在前一段工作中表现出很强的表现欲，个性很强，处理不好会影响全班的情绪，便很快压下怒火，想出了个解决办法。

我走进教室，教室里一片紧张气氛。肇事者低着头，像憋足了劲准备迎接我的批评。几名后进生幸灾乐祸地望着他，等着看笑话。我态度平和地说："大家都把决心书贴在墙上了，这意味着我们全班同学在新的学期信心十足。李某把自己的计划撕掉，我想是因为他认为自己写得不好，怕影响了墙报的美观，所以他拿回去想重抄一份，我看这是进步的表现。我们每一位同学都要学习他这种精益求精的精神。"中午放学后，李某果然把一份整整齐齐的个人计划贴在原来的位置上。从那以后，他果真进步了。

该批评是老师有意不指出学生犯的错误，而是及时捕捉其闪光点，继而联系起来，以赏识的口气，寓批评在表扬中进行，使犯错误的学生既承认自己的缺点，又感激老师对他的关心和体贴。

7. 间接提醒式的批评

这种方式主要以暗示为手段，其内容又多为提醒、启示之类。也就是对学生进行批评的时候，不直接指出其缺点错误，而是用暗示、提醒的方法对学生加以点拨，让学生自己觉察到错误，达到教育的目的。这种方式对于喜欢思考、思维敏捷、敏感多疑的学生比较适用。既可以达到批评的目的，而且尊重和保护了学生的自尊心，不会使学生产生抵触情绪和逆反心理。很多时候教师在评价学生时，常常喜欢先表扬然后加一个"但是……"，比如说："你最近进步较快，但是，你上课不注意听讲，课后不认真复习"，结果，不仅劝告没有奏效，而且前面的表扬也被学生认为是虚情假意。如果教师以间接提醒代替直接批评，委婉表示对学生的要求，比如说："你最近进步较快，如果你能进一步抓好课堂听讲和课后复习两个环节，相信你的学习成绩会提高更快"。这样，学生会更乐于接受。

案例4-2-16 班主任工作技能[1]

初三年级刚开学，班主任就发现班上的女生普遍迷上了打扮，就专门召集女生开了个班会，并在班会上讲了个故事。她说：有两个女孩儿在一起争论，花儿为什么迷人？第一个说："因为花美丽！"第二个说："因为花芳香！"第一个女孩儿说："蜜蜂是冲着花的美丽来的！"第二个说："蜜蜂是冲着花的芳香来的！"第一个说："美丽迷人，它是一道风景！"第二个反驳道："可美丽挺无奈，说败就败！"第一个挺生气："芳香连看都看不到，难道不是更无奈？"第二个坦然："为什么非要让人看到呢？你想啊！离得老远老远也能闻得到，难道不是更有魅力？"第一个无话可说，沉默了。转眼过了好多年，爱打扮的第一个女孩老了，当她拥有花的美丽时，她忘记学本事了。于是，一旦那美丽开败了，她也就只能挺无奈地看着脸上的皱纹，深深地叹着气。爱学习的第二个女孩也老了，尽管她当年没有花的美丽，但她却坚持自己可以拥有花的清香，为了这，她一直坚持在学习，并终于取得辉煌的成就——那意味着成功的花香，传得老远老远。又过了好多年，当第一个听到第二个的消息时，也就哭了，她挺后悔：当自己是花时，她忘记做一个有香味的女孩子了……

女生们听了这个故事，像故事中第一个女孩一样，也恍然大悟，并悄悄改正了迷恋打扮的毛病。

淡淡的一语，其中有批评，有责备，更有期待。很明显，学生在教师创设的特定情境中，已经深感不良行为的后果，继而惭愧，同时，也有了改正错误的决心。

批评有法，但无定法，面对不同的学生、不同的错误以及不同的场合，教师的批评都应因人因时而异。关键在于明确批评不是目的，而是通过批评让学生感受到教师对他的期望和爱，进而能够改正错误，获得进步。

四、批评语言的十忌

[1] 涂光辉、雷晓波.班主任工作技能[M].湖南师范大学出版社，2002.

教师的批评语言，只有真诚、宽容、体贴，只有晓之以理，动之以情，循循善诱，谆谆教导，才能够取得理想的教育成效，而类似压制、恐吓、挖苦等语言是应该禁忌避免的。

（一）比较式

"你看看某某同学，看看人家，你再看看你，不觉得害羞！""你和某某一样没有出息！"教师切忌将学生横向比较，在批评学生时，使用比较式批评既伤害了表现差的学生的自尊心，又很容易使其他学生对表现好的学生产生孤立和敌意。

（二）挑战式

"我就不信我收拾不了你！看看到底是你厉害，还是我厉害！"学生对班主任的信赖与尊敬是建立在师生情感相通、相容的基础上的。师生间的亲切感越强，班主任语言的力量也越强。反之，如果班主任用挑战的口吻向学生显示自己的权威，结果可能反而削弱了自己的力量，失去学生的信任。

（三）记账式

"今天先放你一马，但我都记着，早晚跟你算账！"这样的话语只能让学生不理睬、无所谓，甚至可能会索性破罐子破摔，自暴自弃，这类话语还容易引起学生对你的鄙视与嫉恨。

（四）定论式

"你看看你，笨得出奇，还想考大学，我看你是没希望了，干脆回家养猪算了。"作为教师，在评价学生时一定不能"一棒子打死人"，学生犯错误很多时候都是偶然的，当老师给学生下论断之后，很多学生由于年龄较小，无法形成完整的自我意识，就会因教师冠以的"笨孩子"、"什么也不是的学生"影响一生，失去学习的信心。

（五）挑拨排斥式

"同学们，大家看看，他这是什么行为！""以后大家都不要和这号学生在一起。"通过孤立与"离间"，动员全班学生的力量来对付犯了错误的学生，其实没什么效果。对于被批评的学生，这样一来有可能增强他对老师的逆反心理，对于其他学生，这种方法只会降低教师在他们心目中的威信。

（六）讽刺挖苦式

比如，"这几年你白活了！"有一些老师就喜欢这样骂学生，"你肩膀上扛的就是一个猪脑袋"。这种讽刺挖苦的话是对学生的羞辱，只会引起学生对你的恼怒与不满，而决不会接受你的教育。

（七）告状式

"走！到校长办公室去！""等家长会时告诉你父母吧！"学生最讨厌的教师莫过于自己没能力解决问题、向校长或家长告状的类型。这样只能让学生瞧不起教师，起不到任何警示的作用。

（八）驱逐式

"学校管不了你，回去叫你父母收拾你吧，赶快收拾行李回家！"这是一种对学生放弃的态度，尤其面对小学生时切忌使用，只能让学生丧失信心，甚至厌学。

（九）揭短式

"你这样下去，早晚像你爸爸一样进监狱！""难怪你长得那么矮，都让心眼坠住了。"教师在批评学生时，切忌触及学生的短处，尤其是学生的生理缺陷。更不要拿短处开骂，而应尽量避免揭短。

（十）人身攻击式

"连这么简单的题目都不会做，还好意思坐在这里，脸皮比地皮还厚。"任何粗暴的语言只能显示出教师的教育无方，只能让学生对教师的行为失望，人身攻击式地辱骂学生会严重伤害学生自尊心，使学生无地自容，影响师生之间的感情。

学以致用

1. 结合表扬的原则及策略，分析以下案例的不当之处，如果你是该教师该如果表扬呢？

一个班级的体育委员，在一次全校体操比赛中，认真负责，不辞辛苦，积极带领全班同学训练、组织比赛，结果该班取得了全校团体总分第一名的好成绩。班主任很高兴，在班里激动地说："这次比赛我班取得了第一名，我们的体育委员李小宁同学立了大功！若不是他带领我们一遍遍地排练，跑前跑后地组织，我们能有今天的好成绩吗？今后，我们全班同学都要向他学习，努力为班级争光！"

2．面对部分学生抄袭作业这种现象，请您设计一个批评的方案。

3．结合所学内容，对案例4-1、4-2写出分析报告。

第五章　教师与其他人的有效沟通

　　沟通是信息交流的重要手段，它就像一座桥梁连接着不同的人、不同的文化和不同的理念。良好有效的沟通能让交流双方充分理解，达成共识。能让我们的工作事半功倍，也能让我更加快乐、自主地进行工作。教师作为一种职业，其工作的过程，就是参与社会生产和生活的过程，就要与众多的人打交道，就要面对各种各样的人际关系和社会关系，除了要与学生沟通交流外，教师还要与同事、与领导、与家长沟通。教师要不断探索、调整，以建立起有利于工作和促进自我心理健康发展的良好人际关系，不断提高交往能力，加强与外界的交流与沟通。

目标导航

　　1. 了解教师与家长沟通的意义和内容以及教师与领导之间的关系；

　　2. 熟悉教师与家长、同事、领导之间沟通的原则以及教师与家长之间沟通的途径；

　　3. 理解教师与家长、同事、领导之间沟通的策略和技巧。

 情景再现

案例5-1　条子与鞭子

　　有位班主任叫学生带回一张"状纸"给学生家长，内容是："你的孩子学习退步，数学测验不及格，上课经常随便讲话，还不虚心接受老师的教育。请学生家长采取严厉措施，加强教育，条子阅后，请签名盖章，仍由他还我。"结果这位学

生被学生家长打得鼻青眼肿。学生一气之下写了一首打油诗：

"条子——老师的鞭子，

教师来张条子，我就挨一顿鞭子。"

案例5-2　"抢课"风波

5月，高考进入冲刺阶段，学生紧张复习。最后一个多月，学生需要足够的自我支配时间来梳理、消化三年来学习的知识和平衡各学科的时间分配，因此，学校研究决定：任何老师都不得占用自习课来讲课。这样的要求坚持两周后，高三某班的数学张老师耐不住了，张老师责任心极强，凡自习课几乎都用来讲题或发习题给学生完成，已养成了抢占时间的习惯。而该班的英语钟老师事业心也很强，也有抢占时间的习惯。她们常常同抢一节自习课，起初还能互相谦让，可多次撞车后，不但不谦让，而且争执起来，矛盾爆发了。钟老师对张老师说："我对你有意见，你常占用自习课讲习题，布置作业，学生没时间看英语。"张老师说："我对你也有看法，这次模拟考数学成绩下降了，完全是由于学生在你的英语科花的时间太多了，你们英语背一背就行了，我们数学在高考中占很大分量，不练不行。"钟老师一听，火气上来了："数学考不好，怎能怪我？是你教导无方，高考中，你数学重要，难道我英语不重要吗？"此时，张老师更激动："我教导无方，我哪点比你差？你肚子里有多少墨水谁都懂，无非是整天压学生背你的英语……"争吵火药味越来越浓，谁也不服谁，直到由校长出面仲裁才解决。

案例5-3　如此请领导签字[1]

某校负责组织参加全国规范汉字楷书大赛的教师与校长的对话。

教师：校长您好，您能挤一点点时间审批一下这份报告吗？

（校长正准备将报告搁在一旁，听了这话，又拿起了报告。）

---

[1] 李文芳、赵艳红、孙燕.教师语言的艺术[M].中国文联出版社，2002：158.

校长：好吧，我看看。（校长一边看，教师一边用手指点着已经用红线画出的重点处，简单说明这次活动的重要性和组织安排。）

校长：（面色难看）好是好，可现在临近期末，而且学校经费也紧张哪！

教师：可是这种全国性大赛是建国以来第一次，对师范院校来说是一次大练兵哪，纸张我们已经准备好了，时间半个小时就够了；报名费总共只有几百元，学校暂时有困难，可不可以先请师生们自己出……。校长，您看这样行吗？

校长：（微笑）这几个字我可真难签啊！（随即批字："同意参赛。报名费由校语委活动经费支出。"）

第一节 教师与家长之间的沟通

教师工作中很重要的一部分就是家长工作，我国《中小学教师职业道德规范》中就规定："尊重家长，主动与学生家长联系，认真听取意见和建议，取得支持与配合。"教师与家长之间的沟通已经成为现代教育不可缺少的组成部分。教师要做好班级管理工作就应当认识到与家长之间沟通的重要性，苏霍姆林斯基有句名言："没有家庭教育的学校教育和没有学校教育的家庭教育都不可能完成培养人这样一个极其细微的任务。"因此，教师只有正确处理好与家长的关系，同家长架起一座沟通的桥梁，才能赢得家长的尊重、理解和合作，才能在学校和家庭之间建立和谐亲密的关系，使教育形成"合力"和"向心力"。

一、教师与家长沟通的意义

教师与学生家长沟通是工作的重要组成部分，及时、有效的沟通，不仅有利于双方及时全面地了解学生的学习、生活、习惯等方面的情况，而且有利于采取有效的办法帮助学生克服缺点和不足，促进学生健康成长。

（一）增进双方对学生的了解

家长是孩子的第一任教师，最了解孩子的莫过于家长。但随着孩子步入校园，大多数时间在学校度过，学生接触较多的是教师。作为教师，与班级每个学生长期相处，对学生的行为表现、学习习惯、思想动态等了解得更清楚。因此，就需要老师和家长一起探讨交换看法，熟识学生特点，了解学生的心理，做到心中有数，对症下药。一个孩子的健康、健全成长，仅靠学校或仅靠家庭都是不够的：教师观察不到孩子在家的情况，家长也很难看到孩子在校的表现，需要的是两者之间的合力，教育才会有针对性和连贯性。因此，教师要与家长通过及时联系，在更高程度上对学生的教育引导实现互补性与一致性的促动，合力推进学生的成长。

（二）形成教育合力

随着教育理念的发展变化，人们越来越意识到儿童教育是一个系统整体，学校教育与家庭教育在这个整体中相互依赖、相互作用，分别发挥着不可替代的作用。

前苏联教育家苏霍姆林斯基说："教育的效果取决于学校和家庭影响的一致性。如果没有这种一致性，那么学校的教学和教育的过程就会像纸做的房子一样倒塌下来。"看来这种合力形成与否，对一个孩子的发展至关重要。当学校教育与家庭教育有机结合起来、形成合力时，教育就会取得良好的教育效果，而家校合作的基础则是教师，特别是老师与家长的沟通、交流，这是家校之间能否建立良好关系的关键。

案例5-1-1　班主任与家长沟通的艺术[1]

记得在一次家访过程中，我班里有一个学生，每次数学测验成绩都让人非常担心，而本身性格又比较内向，不太愿意和别人交流。为了了解她的学习基础和学习习惯，以便更好地教育她，我就去她家里进行家访。她父母一开始说话比较谨慎，说的都是浅层次的内容，而且基本上都是孩子好的一面，在心理和感情双方面都不愿意和老师做进一步的交流。对于他们这种想法我也并不意外，因为如果换成是我，遇到一个不是很熟悉的人也不愿意马上就说些内心的话。通过家访，

[1]　王淑杰.班主任与家长沟通的艺术[J].中华少年，2012（03）：103.

我知道了路边那个卖水果的就是他父母，所以我经常主动和他们交流孩子的近况，对于孩子的学习交换意见，一来二去，我们相互之间也有了些了解，他们作为家长也能感受到我们老师对他们孩子的关心。虽然我们的交流不是非常正式的，但是就是在一次次不经意间，我对这个学生有了比较全面的认识。特别是我通过从家长那了解的情况和自己的观察发现这个学生对于老师给的分数比较重视，因为她做题错误率较高，所以很少得到好的分数。在一次得到好的分数和老师的表扬后，她就对自己有了要求，希望能再得到老师的肯定，于是有一段日子她的进步是很明显的。所以以后只要一进步我就鼓励她、表扬她，希望通过"爱的教育"帮助她树立信心，提供前进的动力。可是一段时间后，我通过和她妈妈的交谈感到太容易获得的成功对她已经无法起到促进的作用了。于是我马上调整教学的方式，抬高表扬的门槛，让她经过努力才得到心理的满足。因为学生心理的变化我们老师有时候无法及时捕捉到，所以经常和家长联系有助于我们及时了解学生的现状，从而对自己的教学计划做出及时的调整，进行必要的修改。

从案例 5-1-1 中可见，教师保持与家长的沟通，一方面可以更加了解学生，对学生的表现做出合理的解释；另一方面与家长商量教育策略，形成教育合力，更好地解决学生存在的问题。

二、教师与家长沟通的原则

教师与家长加强联系与沟通，双方同时对孩子的成长起教育、引导和示范作用。所以，教师要以真诚与平等的态度对待学生家长，取得他们的信任，争取他们最好的配合，共同探讨对孩子的最佳教育方法，以达到共同的教育目的。

(一) 尊重原则

尊重家长、善待家长是做好家长工作的前提。教育是理性的行为，与家长的沟通更需要互相尊重、理性和智慧。只有这样，才能真正促进学生的健康发展。首先要摆正摆好自己与家长的位置。家长与教师一样都是孩子健康成长的引路人，都肩负着教育好孩子的重任。教师通常比家长更熟悉教育知识和教育手段，懂得教育规律。决不能以教训式口吻与家长谈话，特别是当其子女在学校"闯了祸"的时候，教师仍要在谈话时给对方以尊重。也不能当着学生的面训斥家长，这不仅使家长难堪，同时有损家长在孩子心目中的威信，而且家长一旦将这种羞愤之情转嫁于孩子，极易形成孩子与教师的对立情绪。当与家长的看法有分歧时，也应平心静气地讲清道理，说明利害关系，既要以礼待人，更要以理服人。评论学生要客观如实。

（二）平等原则

家长之间的差异是客观存在的，学历、职位、性格均有所不同。无论家长间存在什么样的差异，从他将自己的孩子送到学校的那一天起，家长与班主任就开始了共同的历程——教育好孩子。因此，教师应该学会与每一位家长交流，让每一位家长都能感受自己的关注或重视。也就是说，教师不能人为地把学生和家长分成三六九等。特别是碰到学生问题且涉及到双方家长，教师在接待家长时绝不能带着世俗的功利色彩，以貌取人，以权度人，以财量人。教师应一碗水端平，亲切热情、礼貌待人，是非分明，平等公正地处理问题，不仅能使问题得以顺利、愉悦地解决，也能拉近教师与家长的距离，有利于教育学生，也能提升自己在家长心目中的形象，从而使教师、学校具有广泛而积极的社会影响。

（三）真诚原则

教师与家长沟通要让家长感到，教师确实是本着妥善处理问题和为了孩子的成长跟家长交流。只有诚心诚意，才能打动家长的心，使他们愉快地与教师合作。有些家长与教师交谈会感到拘束、不自在，因此，教师就应注意营造轻松的气氛，不以教育者居高临下的姿态和家长交谈，不用"必须"、"应该"等词语要求家长怎样做，孩子的错更不应去责怪家长。要尊重家长，积极接纳每一位家长，把家长当作是自己的朋友，多倾听家长的话，引导家长提出宝贵建议。答应家长只要自己能办到的事一定会尽力而为，如果不能办到的也要坦然相告，争取家长的谅解。在与家长提出共同促进孩子发展的措施时，采用商量的口吻，征求家长的意见，常用的句式是"您看这样行不行"、"您觉得这样好不好"等。这样，让家长感觉到教师的尊重，更从感情上拉近了距离，与家长的谈话自然就轻松多了，家长也就会经常愿意主动和班主任联系和沟通了。

（四）信任原则

沟通是一种复杂的社会与心理现象，信任是合作的台阶，没有高度的信任就不可能有非常成功的沟通。信任是教师实现与学生家长良好沟通、开展合作的心理基础。信任能使交谈气氛和谐一致，提高双方的心理相容度。与家长谈话是教师和家长的双边活动，是语言、情感的双向交流。家长的为人、阅历、性格特征、心理因素等直接影响着谈话效果。首先，要求教师要保持诚恳和负责任的态度。让家长知道你对他的孩子特别重视，对家校沟通工作特别认真，而不是虚假的。其次，沟通前要对该学生的方方面面做充分的了解，包括学习成绩、性格特点、优点和缺点、家庭基本情况以及你为这个学生做了哪些工作等。其三，与学生家长沟通中，若能流露出对学生的爱，往往会迅速、有效地缩短家长与班主任的心理距离，"亲其师而信其道"，大大增强家长的信任感和责任感。信任是沟通的重要前提，而沟通本身又是促进家长对教师信任程度提升的手段和途径。因此，教师与家长之间的信任是在不断的沟通中逐步加强的。

三、教师与家长沟通的内容

（一）向家长宣传学校办学理念、办学特色、教育法规及学校课改实验等内容，赢得家长对学校工作的理解和支持。

（二）向家长宣传学校近期取得的成绩，收集和听取家长对学校工作的意见和建议。

（三）向家长汇报其孩子在校表现，了解学生在家庭中的表现状况、学习习惯、思想表现、生活习惯、个性特点等。

（四）了解学生家庭基本情况。如经济状况、家庭对学生的影响、文化教养等。

（五）普及家庭教育知识，帮助家长提高家庭教育水平，以达到配合、支持学校教育工作的目的。

（六）与家长协商共同教育学生的措施、方法、手段。

四、教师与家长沟通的方式

教师与家长的沟通十分重要，可以采取的方式也很多，有正式的，还有非正式的。现在常用的主要方式有：家访、电话联系、网络联系、个别约谈、家长会等。

（一）家访

家访是教师与家长沟通交流的一种重要方式，适时适度、恰到好处地进行家访，有利于教师与家长之间信息的交流与沟通，融洽感情，在教育学生问题上形成共识，使双方都对学生有更全面、更准确的了解，从而相互结合起来对学生进行切实有效的教育。

1.家访的分类

(1)常规家访：教师在学期中及寒暑假期间，对所有学生有计划地上门访问，与家长进行沟通，指导家庭教育工作的开展。

(2)重点家访：教师对班内特殊类型的学生进行重点家访，增加家访的次数，努力帮助特殊类型家庭的学生解决在教育方面存在的问题。特殊类型学生包括：贫困家庭学生、学习困难学生、单亲学生、留守儿童、孤儿及智障学生等。

(3)立即家访：对因病缺课两天以上、家庭发生重大变故、学生本人发生伤害事故或家长发生重大事故、无故缺席旷课、严重违规违纪学生或发生其他重要问题、获突出进步或奖励的学生，要求教师在第一时间进行家访。

2.家访的注意事项

(1)家访前，要做好充分准备，明确谈话中心，考虑恰当的谈话内容。

(2)家访中，应一切从实际出发，切忌片面孤立地看问题。

(3) 家访时，要注意与家长平等协商，做到有情、有理、有节，谈话的态度要诚恳、耐心，形成和谐融洽的气氛，要使家长感到教师对学生的爱护和关怀，展现教师个人风采。

(4) 家访时要指导家长开展家庭教育，指导家长采取说理、引导的方法教育学生，切忌"上门告状"，滔滔不绝地大谈学生的缺点和过失，告学生的状，对学生的成绩和长处闭口不谈或轻描淡写地一带而过。这样易激起学生家长的怒气和反感，不利于获得家长的配合。应与家长共同分析学生的思想、学习、生活等方面的问题，制订符合实际的教育方法。

(5) 家访时要注意其家庭环境、家长心情、学生在场与否，酌情采取恰当的谈话方式，个别问题可要求学生或家长回避。

(6) 家访后，家访教师应及时如实填写家访记录。

(7) 家访中发现的问题，需学校行政或有关部门解决的，需在第一时间上报学校领导。

附录5-1-1　教师家访记录表

家访时间：2012.3.24　　　　　　　　　　家访形式：家访

学生姓名	XXX	受访对象	父亲 XXX 母亲 XXX	联系方式	
家庭住址			工作单位		
家访教师	XXX				
家访要解决的问题	学生不完成作业。				
家访内容					
家庭环境、与父母的关系、家庭生活条件等	良好的家庭环境是青少年身心健康发展、形成良好心理素质的重要保证。该生父母年龄大，对孩子放任不管，疏于管理，没有重视，使孩子养成了自私、任性、懒惰、放肆、易发脾气、好夸口、不负责任的品性。				

学生在家学习、生活等情况	平时家长对孩子的学习不管，孩子自己也比较不求上进，使孩子养成极大的随意性，由此而导致了孩子的家庭作业无人可以辅导，该生在家不完成作业。
指出家长家庭教育中存在的问题并进行指导	家庭教育是教育工作的一个重要方面。家庭的环境和父母对孩子进行的教育，对一个人的成长有很大的影响。要正确地引导孩子，沟通与家长的情感，引导关心孩子的学习，帮助督促孩子的学习。
教师反思	家访，目的是加强家校联系，沟通家校情感，借此，引导家长关心学生的学习，帮助督促学生的学习。正确处理问题学生，不要轻易放弃每一个学生，亦不要轻易开除或强制转校，这样会对学生造成心理伤害。学生的精神素质、学习情况往往受到整个家庭氛围的影响，要教育好学生，就有必要了解整个家庭的情况。在家访中，既要访学生，又要访家长，让两者有机地结合起来。通过和家长的交谈，力图对其经历、学历、性格特征以及对子女教育的认识、时间、精力、经验等情况有所了解，同时还要注意从房间布置、家务安排、人际关系等方面进行观察。这样，就可以积累丰富的第一手材料，建立"学生家庭档案"，为随后有针对性地做好学生的思想工作提供方便。进行家访是班主任的一项重要工作。班主任要在可能的情况下，经常进行家访。等出了问题再堵，不如平时多疏导，防患于未然，以免给学生和家长造成一种误会，老师上门，坏事在身。这让学生对家访产生一种恐惧情绪，不仅不能从根本上解决问题，反而会产生不良后果。

（二）个别约谈

个别约谈是指教师与家长一对一地预约谈话。这里主要指教师与家长事先预约见面谈话，交流学生的教育问题。这种个别约谈比较有针对性，且更容易使教师与家长沟通感情，增加信任，也比较容易解决问题。

教师首先要与家长约定谈话时间，以教师与家长双方方便为准，地点可定在学校或其他地方，谈话内容可以是了解学生在家在校学习生活情况、家庭基本情况以及解决近期学生出现的教育问题等。特殊情况下，如当学生在校出现了较为严重的情况、而用电话又显得不太正式时，可以将家长请到学校来面谈。

在与家长个别约谈时，有几点建议：

（1）如果不是需要马上见面的事情，要给家长选择的时间。我们很多教师常常只因为没交作业、上课不守纪律等，便要求家长立刻赶到学校，甚至限定半小时、一小时，这样会给家长造成很大的麻烦。家长是赶了过来，满脸赔笑，连声道歉，但是在家长的心里，或多或少认为我们有些小题大做，因为我们完全可以换一个时间或换一种方式来获得同样的效果。

（2）如果家长和学生同时在场，要注意自己的语言。避免过激评价和无病呻吟，不合适的语言不仅不能让家长感受到你的良苦用心，反而产生反感情绪；草草的谈话，没有达成任何协议，反而让学生觉得面谈没有任何威慑力，继续我行我素，让教师的管理陷入被动。

（3）把握与家长面谈的主导权。教师把家长叫来面谈，就是要告知她孩子在学校的真实情况，让家长配合共同完成老师制订的教育方案。事实上，在很多情况下，有些老师的方案被家长修改，甚至要面对家长的发难，诉说学校的管理如何不到位，这样的面谈将是一次失败的面谈。因此，在与家长面谈前要充分了解家长的工作环境、家庭情况等个人信息，同时要明确本次面谈的主题，围绕主题从几个方面说明问题，需要家长做哪些事情，并按约定时间回访，让面谈起到实效，而不是家长与老师互相推诿责任的一次机会。

（4）个别约谈时切忌提及其他学生，尤其是拿做比较，说长道短。对学生的评价要客观、真实、全面，既要肯定优点与进步，又要真诚地提出不足之处，而不是刁难问责家长。在提出学生的缺点不足时，教师要根据现场气氛以及家长的性格类型有技巧地表达。

（三）临时性的谈话

所谓的临时性谈话大多数时候指家长没有事先预约教师，直接来校与教师交谈学生情况。由于这种谈话并不在老师计划之内，在毫无准备、资料掌握不足的情况下，教师尤宜慎重行事。首先了解家长的来意。老师可礼貌地询问对方对该事件的了解情况及看法，掌握他的会谈目的。其次对家长的感受表示理解。不必急于与家长进行辩论，只需专心聆听，了解他的感受。并表示理解他的心情，肯定他的用心，等心平气和后再进行解释。最后表达对学生的关心。家长真正关心的是：老师是不是关怀我的孩子。不管何种沟通方式，都应让家长觉得老师关心自己的孩子。

有时在家长接送孩子时也可以与教师进行面对面的交流。低年级家长接送孩子上学放学的多，这正是教师与家长交流的良机。老师能把孩子当日或近几日的情况与父母交流，又能了解孩子在家情况，而且是直接地、近距离地与家长接触，便于老师了解孩子、了解孩子的家庭情况。这种沟通是非常有针对性的，虽比不上家访了解得系统深入，却很有实效。但是几乎每天的面对面接触需要老师保持良好的心态与清醒的头脑，一天的工作无疑是琐碎而又累人的，如若不注意，带着情绪与家长交流，那效果往往是适得其反，后果往往是难以补救的。

（四）书面联系

教师与家长沟通也常用书面形式，如书信、作业本留言等。与家长定时进行书面交流，把要布置的任务、家长需注重的方面以及自己的想法可以清楚有条理地写在纸上，让孩子带回家，家长阅读后还可以回信。以书信形式与家长沟通有几点好处：一是以书信形式与家长沟通会显得很亲切，表达用词更丰富，大大增进了家长与教师之间的距离，毫无拘束，更有利于工作的展开；二是双方可以不受时间、地点等各方面因素的影响，可以利用空暇时间写得详细具体，回信也认真、详细，很容易达成共识，有条理进行合作。

附录5-1-2 致家长的一封信

尊敬的家长：

你们好！值此除旧迎新之际，谨对您在过去的一学期中对本年级各方面工作所给予的关心与支持，致以我们最衷心的感谢！

眼下，寒假即将开始，为使您的孩子过一个充实而有意义的寒假，现将我们对您孩子在寒假中的要求及开学的有关事宜通知给您，希望能得到您的理解与支持：

一、对学生的要求

1. 寒假到了，对于明年就要参加中考的学生来说，千万不要忽略假期这段时间。平时在校的时候，大部门时间都是跟着老师的进度走，很少有时间自己总结梳理，所以寒假期间，正好利用这段时间，对各科的知识点做一个全面的梳理复习，然后总结出薄弱的地方，进行有针对性的练习加强。

2. 既要中考警钟长鸣，又要注意各方面安全，特别是烟花爆竹的安全。

二、对家长的希望

1. 关注孩子：希望您以关爱的方式与其进行沟通，或与有关老师联系，帮助孩子查漏补缺，保优补差，增强自信心，提高学习成绩，确保其能顺利进入理想学校。

2. 指导孩子：在刚刚结束的一学期里，您的孩子也即将面临他人生的第一个十字路口——高中、中专、社会。我们应该根据小孩目前的学习情况给出正确的指导方向。无论是什么方向，最终还是孩子在走，我们应该严肃、耐心地跟孩子交流、商量，因为一个好的方向将对孩子的未来有重要影响。

各位家长，榜样的力量是无穷的。相信家长能做孩子的好老师、好父母，正确引导孩子，在您浓浓的亲情滋润下，惜福感恩度寒假，争取以完美的成绩和平常的心态迎接新学期！最后衷心地祝愿您：新春愉快，全家幸福，万事如意！

此致

敬礼！

2012 年 1 月 5 日

本着"以人为本"的教学理念，很多学校非常人性化地在每个学期初以及学期末都给家长一封信，这样既节省了教师和家长的时间，也很快捷地将大量信息传递给家长，以便家长更便捷地了解学校的信息。

附录5-1-3　家长写给教师的一封信

尊敬的老师：

您好！由于平时工作太忙，生活压力过大，因而缺乏对孩子的管理，作为家长，我具有不可推卸的责任。我明白身为父母，自己对孩子的影响是巨大的，也是孩子以后能否成才的关键，而这次孩子犯了错误，是由于我平时疏于管理而导致，没有及时地给予孩子关心、教育，才发生了这样的事情，在这里我对老师及学校致以深深的歉意，郑重地表达自己的心情，希望学校能给我的孩子一个改过自新的机会。并且我保证以后一定多花时间教育自己的孩子，引导孩子走上正途，也会积极配合老师的工作，希望老师能理解作为父母的心情。无论在学习上还是生活上，我都会尽心尽力引导孩子，在孩子接触的每一件事情上，我都要及时地给孩子指出事情的两面性，告诉他做事情带来的好处和不好的后果，让孩子自己知道该怎么拿主意。我会在一段时间之内，每天辅导孩子的功课和安排课余生活，如果有机会，我还会给孩子请一个家教，希望孩子能在一个健康的环境中成长。以后杜绝此类事情再次发生！再次谢谢学校和老师能给孩子一个机会，也向老师们学习！谢谢！

XXX 学生家长XXX

（五）现代通讯交流

随着现代技术的进步以及通讯网络时代的到来，教师与家长的沟通方式也变得多样化，可以通过电话、短信、电子邮件以及校讯通网络平台等更加便捷迅速地发布和了解信息。

1. 电话、短信

打电话、发短信是教师与家长之间最方便最快捷的沟通方式。教师应有所有学生家长的联系电话，当遇到突发事件或者学生逃课、请假等情形时，教师就可以非常方便地用电话与家长沟通。当家长没有时间与教师面谈孩子的教育问题时，在教师方便时就可以打一个电话更多地了解孩子在学校的情况，家长也可以向教师通报孩子在家的情况。

发短信息的形式也是教师与家长之间常用的沟通方式之一。短信息内容的信息量较受限制，因此一般如通报学校要求等无须紧急回复的内容时可采用，或者用于教师与家长的个别交流。在节假日，家长出于对教师的尊重和感谢，一般都会发送祝福短信，这样既真诚地表达了谢意，也拉近了教师与家长之间的距离。

2. 电子信箱或 QQ 群

很多班级中都会建立属于自己班级的电子信箱，方便教师接收家长的电子信件，同时也都有家长 QQ 群。在 QQ 群里教师可及时发布信息，接收家长反馈意见，家长之间也可以讨论交流教育学生的经验等。

3. 校讯通

校讯通是利用现代信息技术实现家庭与学校快捷、实时沟通的教育网络平台。是一套可以有效解决老师和家长之间沟通、帮助孩子健康成长的、集先进的计算机技术和无线通信技术于一体的信息交流系统。他可以让家长每天都能了解到自己孩子在学校的情况，也可以让家长随时、随地地向老师提出建议或反映孩子在家里的表现。它充分调动社会教育资源，利用现代信息技术架起学校、家庭之间实时、快捷、有效沟通的桥梁，形成社会、学校、家庭和谐共育的局面，促进学生健康成长。校讯通是增进与教师感情交流，与家长亲密沟通的有效桥梁，是与家长沟通的代言人，是获得学习指导的园地，是学生时代成长的完整日记本。

对家长而言，校讯通是家长获取子女在校信息的实时手段，是获得家庭教育帮助与培训的有效渠道。通过校讯通短信平台，老师可以将孩子在学校的表现情况、考勤情况、测验考试成绩、每周和期末评语、学校的动态和临时通知等发送给家长，让家长在百忙之中也可以轻松掌握孩子的基本动态。同时，家长也可以通过该系统向学校和班主任发表自己的看法和建议！既可以帮助教师和家长及时解决孩子任何时刻出现的问题，又可以让教师和家长共同分享孩子身上随时出现的亮点所带来的喜悦，使孩子少走弯路，健康成长。

对学校而言，校讯通是联系社会的窗口，是实现家校联系工作和学校教育教学工作量化管理的有效手段，是国家级的研究课题。不仅可以整合学校管理，而且还大大减轻了各种工作量。例如：某班主任只要将本班同学的各种考试成绩，通过电脑录入校讯通管理平台就可以同时生成各种考试的成绩表，并可以把学生的成绩发送到家长终端。

校讯通上说，你最近进步很快

图5-1-1　校讯通上说，你最近进步很快……

（六）家长会

定期地召开家长会是教师与家长共同探讨孩子的教育问题、教师指导家长的重要途径之一。一个学期或学年的开始、结束，为向家长传达班级管理计划或通报班级学生总体情况，我们往往要组织一次全班学生家长会议。有时采取专题讲座、专题讨论等方式，以解决班级学生或家庭教育普遍性的问题为目的。家长会上，教师可以将自己的教育目标、思路公布，将自己的教育方法传达，家长们也能互相交流。家长会切忌流于形式，缺乏实效，切忌啰唆冗长，切忌"告状式"家长会。

除了全校或全班的集中家长会以外，还可以根据家长会的内容和形式分为互动式家长会、展示型家长会、亲子活动型家长会、联谊式家长会、专家报告式家长会。

一次成功的家长会,不仅能促进教师与家长很好地沟通,而且"家校合力"将对老师日常的教育教学工作起到"四两拨千斤"的作用,其重要性不言而喻。

开一场成功的家长会,教师要注意的几点有:首先,在家长会筹备阶段,要详尽准确地掌握学生和家长的情况,比如家长的文化程度、工作性质等,考虑怎样讲话才能引起家长的共鸣,这样你的发言就会有的放矢。其次,在家长会上向家长阐述你的工作思路和教育理念,让家长认同你,接受你的工作方法。再次,在鲜明的主题下,家长会的内容应该丰富而具体,而不是空洞地说教和大刀阔斧地谈理论。最后,设计形式多样的家长会模式,很多家长由于时间紧张,每次抽时间来开家长会,但如果每次都千篇一律,就会导致厌烦,因此,学会变化形式让家长参与其中。

四、教师与家长沟通的策略

教师与家长沟通既是一门学问也是一门艺术,家长工作是教师日常工作的一部分,处理得好就会促进教师工作的进步,更好地进行教育教学,否则会影响教学。加强教师与家长之间沟通,应注意以下几点策略:

(一)对学生先表扬后批评

教师和家长谈话时,一般应先讲学生的优点,后讲缺点,对孩子的缺点也不要一下讲得过多。应该给家长一种感觉:孩子每天都在进步。有时,教师一句微不足道的称赞,都会让家长感到高兴,直至影响对待孩子的态度,而这种奖赏性的行为和语言在一定程度上强化了孩子继续努力的心理。同时这种肯定也能使家长轻松、自信、愉快地面对教师。也就是"哪壶先开提哪壶"策略,先说说孩子的优点和进步,等家长有了愉快的情绪,再逐渐提一些建议,家长会更乐于接受。可以采取"避逆取顺"的策略,即避免触动对方的逆反心理而迎合其顺情心理的策略。

(二)坚持差异性原则对待不同类型家长

老师面对的家长来自不同的社会阶层,从事不同的职业,年龄、性格、文化修养等方面都有差异，因此，与家长交谈时要因人而异。

1. 对于知识型的家长：尽可能将学生的表现如实向家长反映，主动请他们提出教育的措施，认真倾听他们的意见，充分肯定和采纳他们的合理化建议，并适时提出自己的看法，和学生家长一起，同心协力，共同做好对学生的教育工作。有些家长对学生的家庭教育其实是很有一套的。像这样的家长就可以让他就自己的家教经验给其他家长做报告，通过这个家长来激发其他家长的家教兴趣，一定会收到很好的效果。

2. 对于溺爱型的家长：交谈时，更应先肯定学生的长处，对学生的良好表现予以真挚的赞赏和表扬，然后再适时指出学生的不足。要充分尊重学生家长的感情，肯定家长热爱子女的正确性，使对方在心理上能接纳你的意见。同时，也要用恳切的语言指出溺爱对孩子成长的危害，耐心热情地帮助和说服家长采取正确的方式来教育子女，启发家长实事求是地反映学生的情况，千万不要袒护自己的子女，因溺爱而隐瞒子女的过失。

3. 对于脾气暴躁型的家长：这样的家长往往文化程度不太高，"恨铁不成钢"，学生一出现毛病，他们也不加分析就拳脚相向。与这样的家长沟通要特别讲究方式方法，谨慎行事。要用柔风细雨式的交谈方式，要让家长知道：老师请家长到学校来并不是希望给自己的学生招来一顿皮肉之苦，而是为了帮助学生尽快认识和改正自己的缺点错误，希望得到家长的配合，齐抓共管，共同教育学生。要使家长理解所有这一切，首先就要以情服人，取得家长的信任。使他们相信，请他们到学校来并不是为了给孩子以惩罚，而是争取家长的协助，共同帮助学生。对于这样的家长一定要声明：既不能打骂孩子，还要起到教育作用。

4. 对放任不管型的家长：教师要多报喜，少报忧，使学生家长认识到孩子的发展前途，激发家长对孩子的爱心与期望心理，改变对子女放任不管的态度，吸引他们主动参与对孩子的教育活动。同时，还要委婉地向家长指出放任不管对孩子的影响，使家长明白，孩子生长在一个缺乏爱心的家庭中是很痛苦的，从而增强家长对子女的关心程度，加强家长与子女间的感情，为学生的良好发展创造一个合适的环境。

（三）学会换位思考，倾听家长的声音

在与家长的交往中，我们老师常是站在老师的角度来和家长探讨孩子的问题，但是，在当今社会，作为一名新时代的教师，在共同教育好孩子这一目标的前提下，我们老师有时也要替家长着想，站在家长的立场上，实施换位思考。设身处地地为家长谋划，帮助他们解决问题，从而赢得家长的信赖，那我们的教育就成功了一半。如果我们没有诚心，不知道为家长着想，一味地追究他们对孩子的教育之责，最终我们只会将自己孤立于家庭教育外，失去家长的配合。所以教师和家长沟通时，要做到换位思考。我们只要能从换位体验中做到换位思考，就能与家长达到最佳的交流状态，取得最佳的家庭教育效果，从而达到家庭教育与学校教育的最佳配合。

一位优秀的沟通好手，必然是将耐心倾听他人的意见与善于询问有机结合，同时善于捕捉机会，反"客"为"主"，反听为说；要多用开放式提问，尽量少用封闭式提问等。教师在与家长沟通时，切忌"一言堂"，即教师只管讲、家长听的形式。教师也要虚心倾听家长的意见，听一听他们的教育观，看一看自己是否忽视了学生身上的某些闪光点，反思一下自身工作是否存在不足。

案例5-1-2　倾听的作用

某某是我们班的一个学生，从开学到现在，这个学生的特点就是话特别多，上课的时候经常成为老师点名的对象。对于他的表现，我一直不满意，多次找他谈话，但每次都没有多大的成效。最后我请来家长，准备把这位学生这段时间的表现向家长数落一番，家长来了后，很主动地向我这个班主任了解情况，并将这个学生从小学一直以来的情况给我做了反映。从他谈到的情况中，我了解到这位学生长期以来形成的坏习惯，上课接下句，插嘴讲话等，这些表现并不是一时的反应，所以对他的情况要采取不同的方法来对待，要准备好打持久战，切不可心急。

从案例 5-1-2 可见，有时候多说不如少说，甚至当个听众也不错，倾听有两个好处，一是营造平等的谈话气氛，二是便于我们从中捕捉信息。家长有时会因孩子在校的一点表现而喋喋不休，追问不停。教师有时可能会感到不耐烦，但是我们要时刻保持亲切的笑容，去面对他们，去体谅做父母的心情，以一个教师特有的耐心去面对他们，通过换位思考去了解他们，使他们相信自己有能力、有信心把他们的孩子教育好。因此，教师要放下"教育权威"的架子，经常向家长征求意见，虚心听取他们的批评和建议，以改进自己的工作。这样做，也会使家长觉得教师可亲可信，从而诚心诚意地支持和配合教师的工作，维护教师的威信。

（四）注意沟通时的语言技巧

与家长沟通，要讲究语言的艺术，要深入浅出，将大道理说小。学生来自不同的家庭，每个家长的文化水平、素质、教养不同，难免会遇到一些"护短"的粗鲁家长，那就必须讲究语言的艺术。多数学生在学校做了错事之后是不会向家长说的，反而说别人怎样错，老师又如何袒护那些同学，这往往引起家长的误解。所以教师应该在家长心平气和的情况下，在实事求是的基础上，用征求意见的态度，与家长共同研究解决问题的办法。

教师在与家长谈话时，切忌用教训式语气，而应像对待同志或客人那样用商量或交流的口气；态度要随和，语气要委婉，语态要真诚，语调要亲切，语势要平稳，语境要清楚，语感要分明，使家长一听就明，能准确把握要旨，领悟当家长的应做些什么，并从你的谈话中受到启发。在解答家长的疑惑、给家长建议时，一定要有针对性，条理清晰，言简意赅，最重要的是要有建设性、要科学实用。

总之，教师与家长沟通是教师工作的基本功之一，也是增强教师与家长之间凝聚力的一种良好形式，是做好教育工作极为重要的一环。与学生家长沟通既是一门学问，也是一门艺术。事实证明，当教师同家长架起一座沟通的桥梁时，才能赢得家长的尊重、理解和合作，才能充分发挥家庭教育的重要作用，双方互通情报、互递信息、相互启发、相互补充，使教育形成"合力"和"向心力"。

第二节 教师与教师之间的有效沟通

教师之间因为是做相同的职业，处于同一个环境，所做差不多相同的事情，彼此之间就会相当地熟悉和了解，这能够增加彼此之间的友好关系。但与此同时，教师之间也会产生一定的摩擦和矛盾，例如拉帮结派等。教师之间应该积极友好相处，克服一些存在的问题，营造一个舒适、轻松、和谐的工作环境，同时也给学生树立教师为人师表的良好榜样。因此，加强教师之间的沟通是尤为重要的。

一、教师之间沟通的原则

教师之间的关系，较之于师生关系更为稳定，但由于存在潜在利益分配等因素，所以，这种关系更为微妙、复杂。处理得好，不仅有助于教学的成功，有助于学校事业的发展，也有助于个人自身的发展。实现教师之间良好的沟通，必须坚持以下原则：

（一）相互尊重，平等相待

相互尊重是教师间沟通交往的前提。美国心理学家马斯洛的需求层次理论中，尊重的需要作为较高层次的需求处在金字塔的上层，教师也是人，也渴望被尊重。如果双方都能尊重彼此说话的权利和自由，并给予对方充分的信任，沟通就有了基础和前提。

教师既要有对自己正确的评价，也要有对他人全面、客观的评价，尊重他人的劳动。既要维护自己在学生中的威信，也要维护其他教师的威信。注意克服自傲、嫉妒心理，排除门户之见。既要尊重和自己观点相同的人，也要尊重与自己见解不同的人。即使教师之间有意见，也应该在相互之间或在教师集体内部坦诚相待，诚恳提出，而不允许透露给学生，以免损害教师自己和其他教师的威信。《圣经》中有一句话："你希望别人怎样对待你，你就应该怎样对待别人。"这句话被大多数西方人视作工作中待人接物的"黄金准则"。每个人都渴望被重视、被尊重。真正有远见的人明白，要想获得同事的信赖和合作，不仅要在日常交往中为自己积累最大限度的"人缘儿"，同时也要给对方留有相当大的回旋余地。给对方留足面子，其实也就是给自己挣面子。所以言谈中少用一些"绝对肯定"等感情色彩太强烈的词，多用一些"可能""也许""我试试看"等感情色彩强、褒贬意义不太明确的中性词，以使自己"伸缩自如"。如果你伤害了对方，让对方对你产生嫉恨，那么就谈不上与你有好的沟通了。

平等相待是实现和谐、融洽的沟通的基础。如果交往双方不能平等相待，而是居高临下，动辄训人，不尊重他人人格，那么交往将无法进行，沟通也不复存在。以平等的姿态与人沟通，相信他人的劳动是有价值的。我们也要相信别人获得的成绩是通过劳动取得的，不要眼红，更不可无端猜忌，应该在表示祝贺的时候，试着向人家靠近，学习人家成功的经验，这样才能提高自己。

（二）换位思考，理解他人

理解是沟通的关键，它是指换位思考、通情达理。正如卡尔·罗杰斯所指出的那样，理解力是指体验别人内心世界的能力。体会他人的内心世界，有如自己的内心世界一般。教师之间在工作、生活中，难免冲突。要解决这些冲突，教师则要学会站在对方的立场、角度来思考问题，既认识自己的要求，也能够体会他人的需要，同情他人，理解他人，做到"己所不欲，勿施于人"，并且能够在他人需要的时候，及时伸出援助之手，而非置他人的痛痒于不顾，这样的教师才善解人意，才会真正得到同事的尊重。

如果一位老师，对某一件事或某一个问题，希望同事怎样处理，则先应设身处地地为同事着想，想同事所想，急同事所急，解同事所忧，排同事所难。因此，老师在工作中，要多为别人想一想。假如班主任今天有什么特殊的事情，班里的工作没安排好，那么副班主任就应该积极主动地去安排好班里的事情。如果副班主任偶尔有特殊的事情没管理好班里的事，那么班主任就应该问清楚事情的原因而谅解对方。

（三）心理相容，真诚相待

相容就是说在人与人的沟通交往中要大度，有气量，能克己容人。常言道：律己当严，对人要宽。"宰相肚里能撑船"，如果双方能做到相互忍让，人际关系就能得到巩固和发展，就能实现畅通无阻的沟通。教师之间由于年龄、阅历、经历以及家庭背景等方面的差异，对同一个问题，往往会产生不同的看法，引起一些争论，一不小心就容易伤和气。因此，与同事有意见分歧时，不要过分争论，客观上，人接受新观点需要一个过程，主观上，往往还伴有"好面子"、"好争强斗胜"心理，彼此之间谁也难服谁，此时如果过分争论，就容易激化矛盾而影响团结。发生矛盾时，要宽容忍让，学会道歉。如果不及时妥善处理，就会形成大矛盾。俗话讲，冤家宜解不宜结。在与同事发生矛盾时，要主动忍让，从自身找原因，换位为他人多想想，避免矛盾激化。如果已经形成矛盾，自己做得不对，要放下面子，学会道歉，以诚心感人。退一步海阔天空，如有一方主动打破僵局，就会发现彼此之间并没有什么大不了的隔阂。人与人交往，难免会有许多误会、矛盾甚至冲突，这些其实都源于沟通不畅。

心理相容，不是不讲原则。相容是建立在民主、平等的基础上的，不讲民主，只讲服从，不算相容。相容既尊重自我，也不轻视他人。相容讲宽宏大量、克制忍让，也要讲原则，一味迁就，软弱可欺，同样不能算相容。相容显示了一个人的自信，胆小怕事、息事宁人、盲目从众、随波逐流都是不讲原则的相容。如果涉及到原则问题，当然不能"以和为贵"，不坚持，不争论，刻意掩盖矛盾。面对问题，特别是在发生分歧时要努力寻找共同点，争取求大同存小异。实在不能一致时，不妨冷处理，表明"我不能接受你们的观点，我保留我的意见"，让争论淡化，又不失自己的立场。

二、教师之间沟通的技巧

教师要把握正确的心态与同事沟通，在沟通过程中，掌握一些小技巧，可以少走弯路，取得同事的信任和欢迎。处理好同事之间的关系，能使工作更加愉快，增加幸福感。教师的工作关系到培养下一代的重大责任，所以教学和生活中，需要教师有一个积极的心态和良好的人际交往圈，学会与人沟通，实现与同事的良好沟通。

（一）人格塑造

在沟通理念中，人格的培养是提高沟通效果的基础，也是人际关系中的关键因素，要把做人放在第一位。人品好的同事，人们就愿意和其交往，本身就产生了一种吸引力、向心力，利于合作共事。付出爱心、乐于助人是塑造人格的最重要的人际行为，要记住一条真理："帮助别人就是帮助自己。"逐步形成自己做人的信条。研究也表明，每一次付出，自身人格魅力就会增加一个光点，不断的付出，点点滴滴的光点就会连接起来形成一个"自身人格光环"。那么，你在人们心目中成了值得交往的人，你所获得的也是你意想不到的结果。同时，教师的人格魅力也是赢得学生尊重和喜欢的很重要一方面，被学生喜欢的教师也能赢得同事的认可和赞扬。

（二）坦诚相见

坦率和真诚是良好人际关系的重要因素。对待自己的同事，能够不存疑虑，坦诚相见，是同事之间值得信赖的法宝。如果教师之间躲躲闪闪，说话故意隐藏，不真诚相处，很容易在彼此之间产生隔阂，甚至产生误会和矛盾。教师应该走入同事生活之中，了解他们的真实想法。同事之间应在课间或课余时间做一些交流，教师与教师之间的交流，教师与班主任之间的交流，同一年级教师之间交流，同一科目教师之间的交流等。交流时要找准话题，与同事可以在工作、生活中寻找共同感兴趣的话题交谈，真诚地表达自己的想法，真诚地对对方做出回应。

（三）赞美欣赏

能够看到同事身上的优点，并及时给予赞美、肯定，对一些不足给予积极的鼓励，这是良好沟通的基础。在许多场合，适时得当的赞美常常会发挥它的神奇功效，美国前总统林肯曾经说过："人人都需要赞美，你我都不例外。"人人都渴望赞美，这是人们的共同愿望。

每个人都有很多优点和个人特色，如果赞美符合他人的实际，就会收到意想不到的效果。如对于刚工作两年的新教师，可以这样说："新教师虽然工作时间短，但是认真负责，肯虚心学习并且什么事都积极主动参加，值得我们老教师学习。"这样的赞美不但恰当还很真诚，无形中拉近了同事之间的距离。赞美他人恰如其分，不但会让他人感到很舒服、精神愉悦，还会赢得他人的信任和好感，同时也会改善同事之间的人际关系。

一个笑容可掬、善于发现别人优点并给予赞美的人，肯定会受到别人的尊敬和喜爱。留意别人的长处，学会欣赏别人，赞美他人，不是做人虚伪，这是一门为人处世的艺术。

（四）善意的建议

同事之间需要善意的建议。平时交往，不要什么意见都提，什么话都讲，要尊重对方、理解人，有建议要表示出你的善意，不要使对方感觉到你充满敌意。善意的建议，会使对方感到你是真心实意在帮助自己，这样会融洽彼此关系。比如办公室新来的同事，由于不熟悉打印机操作而弄坏了打印机，耽误了大家的打印工作时，可以这样说："下次遇到不会的地方尽管和我说，我来帮你，大家都是同事，没关系的。"如同事新换了一件衣服，征求你意见时，尽管你觉得不怎么好看，你可以这样说："这件衣服挺不错的，但是相比而言，还是昨天那件更适合你，更能显出你的气质。"类似这样的话，既表示了你的关心和注目，还不会伤害对方的自尊。所以在向同事提出建议时，既要学会表达，又要出于善意的目的，而不是指责和控诉。

（五）善于倾听

善于倾听是增加亲和力的重要因素。在同事有困难或需要找人倾诉时，以笑声支援对方，做个忠实的听众，适时地反应情绪，可以使对方摈弃紧张感，双方同时笑起来，无形之中产生了亲密友人、同伴的气氛。如果在你听完整个事件前就发表意见，那这些意见就永远不可能是令对方信服的意见。相反，在你提出建议、做出决定前，概括一下你和同事所交流的内容，让他们确信，你已经明白了，这样做出决定、提出建议才会达到最佳效果。倾听是一种心的交流，它可以在平静中撞击出火花，又可以在波涛中留一片平静的海湾。

（六）容忍异己

教师的劳动具有较强的个体性和创造性。不同的教学方法和教学风格在实际效果上都是各具特色、各有千秋的。教师要容许每个人有自己独立的思维和行为方式，不要妄图改变任何人。如果缺乏自知之明，不能客观评价自己，很容易妄自尊大，看不起别人，轻易否定其他教师的教育教学成绩，讽刺、打击获得各种荣誉的教师，夸大缺点和不足等。这些都会影响同事之间的团结，也会对教学水平的提高产生不利的影响。因此我们要辩证地看待自己已有的成绩。一个人不论达到多高的水平也不可能是极限，山外有山，天外有天，学海无涯，学无止境。同时要看到自己的每一点进步中都包含着其他人的心血，现有的成绩绝不是仅凭个人努力的结果，其中凝结着领导的关心、同事的帮助。

（七）巧用语言

沟通中的语言至关重要，应以不伤害他人为原则，要用委婉的语言，不用直言伤害的语言；要用鼓励的语言，不用斥责的语言；用幽默的语言，不用呆板的语言等。

避免使用过激言辞。教师的工作比较辛苦，也很繁忙，并非任何时候都心平气和。性格较外向的老师，往往遇事一着急就会说一些不合情理的气话，有时因一句话，就造成了教师间永久的隔阂。因此，有经验的老师或是性格内向的老师总是尽量保持宁静的心态，无论他们感到怎样激动他们都知道"冲动是魔鬼"，时时提醒自己不做冲动的事情。

（八）理解宽容

同事之间经常会出现一些磕磕碰碰，如果不及时妥善处理，就会形成大矛盾。

在与同事发生矛盾时，要主动忍让，从自身找原因，换位为他人多想想，避免矛盾激化。如果已经形成矛盾，自己又的确不对，要放下面子，学会道歉，以诚心感人。作为同事，我们没有理由苛求对方为自己尽忠效力。在发生误解和争执的时候，一定要换个角度，站在对方的立场上为对方想想，理解一下对方的处境，千万别情绪化，甚至把对方的隐私抖出来。任何背后议论和指桑骂槐，最终都会在贬低对方的过程中破坏自己的大度形象，从而受到旁人的抵触。其实宽容了别人，就是善待自己。

（九）团结协作

我国著名教育家叶圣陶指出："教师之间要团结无间，互相配合。"现代教育是一种群体协调性很强的职业活动，要求教师之间坦诚相待，团结协作，互相支持，形成教育合力。在合作过程中，有了成绩，不要把功绩包揽给自己。合作中的失误和差错，则要勇于负起责任，该承担的要承担。要形成团队形象的观念，不要为自身小利而害集体大利，更不能落井下石。要有协作意识，你想要得到别人的支持，首先你要给对方提供支持协作，然后再要求别人配合。

在教学上，不同学科的教师和同一学科的教师应当相互帮助，在调课、复习、考试等实践安排上要有全局观念，从整体上考虑，相互谅解，求同存异，化解矛盾，多支持合作。在科研上，也需要不同学科教师的支持和合作，依靠集体，发挥集体的智慧，才能顺利完成科研项目。再次，教师要有奉献精神。事实上，所有的付出都有回报，所有的付出都有收获。教师之间的交往其实是利益平衡的过程，过于斤斤计较眼前的得失，表面看暂时得到一些，但是实际上会失去长远利益。而吃点小亏，做出点奉献，既有利于同事之间的和睦合作，以后也才有机会"占大便宜"。没有奉献精神，不善于协作，这样的教师不会有大出息。

案例5-2-1　同班教师之间的沟通

班里有一个学生我一直认为他不是很听话，上课不是去关心别人的事情就是沉浸在自己的世界中，总之就是不能认真听讲。我也思考过会不会是因为才一年级，年龄相对较小，学习的能力还不够。所以课上时常提醒他，点点他的名。经过一段时间的观察，发现效果并不理想。所以我找到了我班的数学老师，向他了解这位同学在数学课上的表现，并提出该同学在我的课上表现不甚理想。数学老师积极认真地帮我分析了这个学生的学习情况，并给我提出了建议。要多表扬他，多给他回答问题的机会，再加以表扬鼓励。回到班里，我便付诸实施，几天下来果真有了起色。

从以上案例可见，在学生的管理上，同班教师之间可以沟通与合作。有的学生会在某一个老师的课上特别不乖，如果任课老师之间交流一番，说不定就可以找到问题的所在，还可以让教师及时了解班级情况。

总之，沟通是一门艺术，教师之间要实现良好的沟通，建立起友好的同事关系，就要主动开发、培养广泛的兴趣爱好，使你有更多的渠道和机会与更多的同事接近和交往；要善于设身置地，换位思考；要善于表现友好相处的愿望；要相互理解，要学会"雪中送炭"，在关键时刻送上温暖；要及时、妥善地处理矛盾，对待矛盾要学会退让、等待、迂回；对于同事之间的争辩要掌握好分寸，要避免使用过激和尖刻的语言，以不伤害对方为尺度，对于不是原则的问题，要适可而止，给对方一个台阶，让对方下来台等。

第三节 教师与领导之间的沟通

学校发展需要学校管理者与教师的共同努力，而沟通无疑是架起了领导与教师的桥梁。尽管领导与教师的分工不同，但工作中缺少不了沟通。有的教师认为只要讲好课，教好学生，不需要与领导沟通，领导有吩咐，教师执行就行。这样的看法是错误的，教师作为下属，如果能与领导进行有效沟通，对建立并保持良好上下级关系，对自己以后的发展，都具有重要意义。

一、教师与领导之间的关系

教师要实现与领导的良好沟通，首先要明确与领导之间的关系，正确给自己的角色定位。学校中的领导者包括了从校长、主任到年级组长、学科组长等不同层次的领导。

（一）从行政级别来说，教师与领导之间是上下级的从属关系

在工作中，上下级的关系决定了领导与教师之间必须遵守一定的行为规范和准则。领导必须在原则和行为方式上引领教师，并对教师的一切工作负有指导之责。教师应自觉服从领导的正确管理，将领导的要求和意志转化为具体行动。

（二）从管理团队的角度来说，领导与教师应作为一个共存的管理团队参与学校的管理

教师是学校教育活动的主要角色，是办学的关键。因此，作为学校的主人，教师也应和管理层一样，参与学校各项规章制度、教学目标、育人理念的制订和修改，在尽量满足学生需求的基础上实现学校长远发展的大计。

（三）从社会关系来说，领导与教师的关系应是一种互相尊重、平等互助的关系

教师对领导的关系主要表现在感情上高度重视尊重和组织上的服从，而不是表面上的谦恭和服从。学校领导尤其是校长更应该关心教职工，对教师反映的问题和意见仔细倾听、耐心解释、合理解决，并诚恳热切地欢迎教师的批评，只有这样，才能体现领导的风范，对工作有所提高。

二、教师与领导沟通的技巧

有的老师不会和领导相处，见到领导就躲闪，领导问什么事，都藏着掖着，最后彼此变得非常陌生。如果教师与领导之间缺少交流，有了隔阂，就会出现误解。而有的老师则时不时地找领导沟通，抓住一切机会让领导知道自己的教学方法、教学手段、所教班级的实际情况。最后彼此感觉非常亲切，像朋友一样无拘

无束。甚至老师遇到困难、产生师生矛盾时，领导都会欣然地提供建议，帮助解决。虽然领导少一些挑剔、多一些信任、多一些关心就会激发老师的工作热情，让老师奉献得更愉快，甚至"士为知己者死"，但是作为老师不能被动地等待领导理解，而应主动沟通。只要老师和领导坦诚相对，增进彼此的了解，形成良好的局面，就能获得更大的动力和能量，更加快乐地工作。[1] 教师要与领导实现良好的沟通，主要有以下技巧：

（一）了解领导的需要

从领导的角度看，为了建立良好的上下级关系，必须了解教师的需要。那么，作为教师，要与领导者保持良好的关系，也同样应该了解领导的需要。这方面要特别注意以下几点：

一是自尊的需要。每个人都希望受到别人的尊重，当领导的这类需要就更突出。所以作为教师首先要支持领导的工作，服从领导的正确决定，不要公开表示对领导的不满或当面顶撞；对领导的努力和工作成绩要给予充分的肯定和承认，不要只看缺点和不足；对领导有什么意见或建议应单独找领导谈，而不要当众让人下不来台。

领导者的权威不容挑战。虽然有些领导的能力平平，但不要因此认为这样的领导就是不中用的，他一定是有某种优点，所以他的领导才会提拔他。不论领导是否值得你敬佩，下属都必须尊重他。如果你对外宣传领导的优点，一旦风声传到了他的耳朵里，他会更严格地要求自己，更加关心你。在成功策划某项工作时，即使是你的功劳，也要把选择权留给自己，而把决定权给领导。

二是成就的需要。凡是有事业心的领导都希望在工作上有更大的成绩，在办学水平上有新的提高。作为教师要让领导满意，最主要的就是要做好本职工作，在教育、教学质量上走在前面。

三是交往的需要。领导也是普通人，也需要朋友和友谊，因此，同领导交往

[1] 崔峰.教师的三种人际关系[J].班主任之友，2008（02）：39.

时不要有不必要的距离感。

（二）注意场合，把握时机

与领导沟通，要注意场所，选择时机。领导者的心情如何，在很大程度上影响到你沟通的成败。当领导者的工作比较顺利、心情比较轻松的时候，如某些方面取得成功、节日前夕、生日等的时候，心情会比较好，这是与领导进行沟通的好时机。当领导在某一方面取得成功，你准备向他表达祝贺时，你要选择一个比较适当的场合，营造一下氛围，向领导表达祝贺的同时，提出你的问题。领导一天到晚要考虑的事情很多，假若你仅仅为了一些琐事，就不要在领导埋头处理大事时去打扰他。领导心情不好，或者处于苦恼时，他可能是因为工作头绪繁多忙得焦头烂额，可能是因为受到上级的斥责感到消极颓废，可能是因为事业发展受阻感到压力过大，可能是因为家庭纠纷导致自己沮丧不已，也可能是因为遇到重大问题不能决断而感到迷茫。这个时候领导的心情特别差，你的意见他很难听进去，不便于沟通。

（三）组织得体语言

教师同领导谈话，身份是被动的，是请求的一方，所以教师的语言要尽量委婉、谦敬、坦诚、简明。尽管每个领导的性格和工作习惯不一样，但都要在尊重的前提下，了解领导风格，使用得体的语言进行沟通。对于性格外向的领导可以直白一些，但不能放肆；对于性格内向的领导可以委婉含蓄一些，但不能过于隐晦；对于较熟的领导可以轻松一些，适当可以幽默一下，开个善意的小玩笑；对于陌生的领导，要主动热情，缩短心理的距离。[1]

和领导谈话也要注意时间问题，因为一般领导工作都很多，时间紧张，所以和领导谈话要提前预约，谈话时要中心突出，条理明确，言简意赅。同时谈话时要克服紧张胆怯、恭维等心理。作为教师与领导沟通时，由于种种原因，可能会有言语不畅导致的障碍，但作为下级就要讲究与领导说话的艺术，以取得语言交

[1] 李文芳、赵艳红、孙燕.教师语言的艺术[M].中国文联出版社，2002：159.

际的良好效能。

案例5-3-1 与领导沟通的语言艺术

某县实验小学体育教师小高，由学校委派，就筹办全县重点小学学生春季田径运动会一事，来到县委，找到管教育的副主任请示运动会筹备工作，小高是今天找教委副主任的第四个人。当小高说出寒暄话的时候，这位主任拿起了一张报纸，往沙发上一靠，把脸遮在报纸后面，说："你有什么事啊？有什么事就说吧。"小高坐在能看见这位主任的脸的座位上，微笑着说："主任，现在，我是您接待的第四个人了，我看见您的工作确实千头万绪，够忙够累的了。看着您这么劳累，本该让您休息会儿。但因工作紧急，我还是用较短的时间，就全县重点小学学生春季田径运动会的筹备事宜做个汇报并请示，看您的意见怎样？"副主任放下手中的报纸，看着小高温和地说："来自教学第一线的老师比我们辛苦，都是为了工作，说吧！时间长一点也不要紧，以解决问题为准嘛！"于是小高条分缕析地说了起来，副主任对这项工作也表示了明确的意见。

案例中小高面对教委领导"报纸遮面不屑谈"的尴尬局面，不反感，不动气，而是以对领导的理解、同情、尊重的语言，换取领导对自己的理解与尊重。

(四) 明确分工，积极配合

处理好教师与学校领导的关系，首先教师要明确分工合作的道理，要清楚地认识到一个学校领导和任课教师是同等重要的，是必不可少的两个方面。如果一味地认为领导地位高于自己，那么便会陷入自卑和阿谀奉承的泥潭内；要是认为教师重要性更大而瞧不起领导，也会陷于自视清高、看不起人的怪圈内。这两者不论是哪种态度都是不正确的。教师应该清楚地认识到两者分担了学校工作中不同的职责和任务，相辅相成，缺一不可，才能正确定位自身，处理好与行政人员的人际关系。其次，在正确定位好两者的角色和关系的基础上，教师要在自己的岗位上尽职尽责，配合好行政人员的工作，对于不正常的行政管理现象也积极地给予意见和建议，以保证行政工作的顺利开展，从而为教学工作创造一个良好的环境。

（五）坦诚相待，主动沟通

在工作中，下属要赢得领导的肯定和支持，很重要的一点是要让领导感受到你的坦诚。工作中的事情不要对领导保密或隐瞒，要以开放而坦率的态度与领导交往，这样领导才觉得你可以信赖，他才能以一种真心交流的态度与你相处。以理服人不是说服领导的最高原则，如果没有让领导感受到你的坦诚，即使你把一项事情的道理讲得非常明白，实际上也一点用没有，因为人是有强烈感情色彩的动物，生活中情大于理的情况比比皆是，在感情与道理之间，人往往侧重于感情，领导者当然也不例外。

与领导沟通，主动的态度十分重要。如果不与领导主动沟通，会使你丧失展示才华、取得成功的机会。任何人都难免会犯错误，但有的下属一旦在工作中出现纰漏或错误，就会感到内疚、自卑，甚至后悔不已。犯错误后，不去主动与领导沟通、交流，而是唯恐领导责备自己，害怕见到领导。事实上，犯错误本身并不要紧，要紧的是你要尽早与领导沟通，以期得到领导的批评、指正和帮助，同时取得领导的谅解。消极回避，不但不能取得领导的谅解，反而有可能让领导产生误解。

（六）心怀仰慕，把握尺度

只有对领导怀有仰慕的心情，才能实现有效沟通。与领导交谈时，要有一个积极乐观的心态，向领导叙述重要事宜，或回答领导提问时，如果做到目不斜视地盯着对方的眼睛，不但会增强语言的说服力，还会给领导留下精力充沛、光明磊落的印象。听取领导讲话，高兴时不妨扬起眉，严肃时瞪大眼，困惑时大胆问，听完后简要复述，这样做会给领导留下头脑敏锐、率直认真的印象。反之，如果你唯唯诺诺，无动于衷，就会给领导留下反应迟钝、消极应付的感觉。

与领导沟通，要把握尺度，不能无原则地扯关系、拉近乎。对领导交办的事情，要慎重，看问题要有自己的立场和观点，不能一味地附和。如果你确信自己在某件事上没有过错，就应该采取不卑不亢的态度。在必要的场合，只要你从工作出发，摆事实，讲道理，也不必害怕表达出自己的不同观点。对于领导者个人的事情，作为下属不能妄加评论。对领导提出的问题发表评论时，应当掌握恰当的分寸，有时候你点个头、摇个头，都会被人看作是你对领导意图的态度，轻易地表态或过于绝对地评价都容易导致工作的失误，是要负责任的。

案例5-3-2　失败的沟通

某学校教务处为了加强教学常规管理，提高教学质量，制订了常规教学考核方案，每学期评估一次。方案分四个等级：优秀、良好、合格、不合格，方案中的每一项都是打分评估，并与奖金挂钩。期末考核被评为不合格的廖老师（一位教学经验丰富的老教师）对教务处意见很大，他找教务处唐主任理论："你们教务处吃饱了没事做，竟搞毫无意义的东西，教学质量好坏的衡量标准是看高考成绩，而不是靠教案、听课、论文、科研的检查，在中学搞什么科研，科研是虚的，我只要上好课就行了，你们教务处几位主任的科研水平也不怎么样，评价的指标也不科学……"尽管唐主任耐心地解释，但廖老师还是和教务处吵了起来，一直闹到校长办公室，找校长评理。

案例中是教师与教务处之间因为沟通不畅产生了冲突，原因是教务处把常规教学考核方案与学校绩效结合起来，并与奖金挂钩。由于教师对考核方案有抵触情绪，因而对教务处的工作不满，进而影响教师工作的积极性。但是教师在与教务处领导沟通时，使用了过激的语言，带有个人化的情绪，没有把握教师与领导之间这个尺度。尽管教师有不满，甚至教务处的决定有失公平，但教师可以与领导讲道理，不能以过激的行为和语言与领导对抗。

总之，教师与领导沟通，要讲究方法，运用技巧。况且，与领导进行有效沟通，保持良好上下级关系，不是人格扭曲，不是狡诈诡谲，不是欺上瞒下，不是阿谀奉承，也不是人际交往异化流俗，而是为人处世的一门学问。

三、教师与领导沟通的途径

在中国传统观念中，领导者必定是高高在上的。他们要么经常出差，要么在自己的办公室待着，普通员工几乎很难看见自己的领导，使得领导的形象更加威严，估计这也是拉开领导与员工之间距离的原因吧！但是作为教师，实际上与领导见面的时间还是很经常的，教师可以采用多种途径与领导沟通，常用的有面对面的口头沟通、书面沟通、非语言沟通以及电子沟通。

（一）口头沟通

面对面的口头沟通是最直接、最容易接受的形式。教职工面对领导谈心会使领导有一种受尊重的感觉，是其他沟通方式难以代替的。当教师在工作中遇到困难、与同事相处出现问题、或对教育教学献言献策时，都应积极与领导面对面地沟通交流，直接且可以相互交流，不仅达到了事情的有效解决，还是一种谈心的方式。除此以外，口头沟通还有演讲、汇报等形式，这也要一些技巧。在工作实践中，一有机会就大胆发言是一种极有价值并富有成效的提高方法，给校领导汇报要言简意赅，实事求是。

（二）书面沟通

很多时候教师与领导的沟通依旧采用写工作计划、总结、述职报告等形式。随着学校工作机制的不断完善，这种书面沟通显得更为重要。教师要提高书面写作能力，掌握书面沟通的技巧。

（三）非语言沟通

非语言沟通就是利用身体动作、空间、副语言等进行沟通，以达到了解态度信息、心理信息、情绪信息和其他相关信息等，内心活动的变化往往会在手势和形体语言中有意无意地流露出来，掌握了非语言沟通技巧，见机行事，就可以达到"无声胜有声"的境界，办起事来就可以少碰钉子。

（四）电子沟通

电话、短信、网络、邮件等已成为现代化的沟通手段，它们可以不受空间的制约，减少了沟通的成本，同时具有私密性，教师与领导沟通时更直接更没有太多顾虑，可以增进教师与领导之间的感情。如逢年过节，教师出于礼貌与尊重都会给领导发个短信："千里之行，积于跬步；万里之船，成于罗盘；感谢领导平日的指点，才有我今天的成就。祝愿您新年快乐，幸福安康。"这样温馨而又合时宜的短信，会使领导看了很欣慰，拉近了教师与领导的关系。

学以致用

1. 根据所学理论试分析案例 5-1、5-2、5-3，并写出分析报告。

2. 针对班级特殊学生进行一次家访，并做详细记录。

第六章　教师沟通技巧提高的策略

师生之间的感情在教学中具有重要作用，师生间的沟通足可以改变教育结果，理想的师生关系，离不开教师和学生的相互沟通。从某种意义来说，师生沟通中的非言语交流也许比言语交流更为重要。人们能够一时停止有声的说话，但却不能停止通过各种身体的态势有意无意地不断发出信息。没有丰富协调的体态语，就不可能有融洽亲密的师生关系，就不可能有高效率的师生沟通。好教师应懂得身教重于言教。

目标导航

了解：教师口语特点；体态语的作用。

熟悉：教师常用口语技巧；体态语技巧。

掌握：积极倾听的技巧和运用原则。

 **情景再现**

案例6-1　一字之差，差之千年

一名学生在简介《赤壁之战》的作者时说司马光是宋朝人，全班同学哄堂大笑，这时教师见机行事，妙语补道："虽是一字之差，却让司马迁多活了一千多年，但这能全是我们同学的错吗？谁让司马迁与司马光的名字只有一字之别，谁让他们又都是史学家、文学家，谁让《史记》与《资治通鉴》又都是史学名著兼文学名著，谁让我们刚刚学完司马迁的文章又学司马光的文章呢？"教师运用反问这一修辞风格，创设幽默的意境，巧妙地处理了学生的失误，既解除了学生的窘迫，又引导学生深入思考问题，锻炼了思维能力。

案例6-2 "饱满"造句

著名的教育家斯霞老师在给小学生讲解"颗颗稻粒多饱满"后，要求学生用"饱满"造句。学生只会用植物一类进行练习，如"麦粒长得饱满"、"豆荚长得饱满"。为了扩大学生的知识视野，斯老师忽然走到教室门口，然后转过身，胸脯略微挺了一挺，头稍微扬了扬，两眼炯炯有神地问道："你们看，老师今天精神怎么样？"学生异口同声地说："老师精神饱满。"

案例6-3 忠实的聆听者

一个学音乐的年轻人很自卑，偷偷地躲到山上一片茂密的小树林里去练琴。在那里，他遇到一位特殊的老妇人。这位极瘦的老妇人静静地坐在一张长木椅上，双眼平静地望着那位年轻人……一束阳光透过树叶的缝隙照射下来，老妇人的满头银发显得格外晶莹。老妇人对年轻人说："我猜想你一定拉得非常好，只可惜我的耳朵聋了。如果你不介意我在场，请接着拉吧。"年轻人摇了摇头，表示自己拉不好。老妇人鼓励他说："也许我会用心去感受这音乐。我能做你的听众吗？就在每天早晨。"老妇人诗一般的语言打动了年轻人的心，他心里洋溢着一种从未有过的感觉，变得有几分兴奋。以后，他每天清晨都到小树林里练琴，那位耳聋的老妇人也总是早早地坐在木椅上等他，看他拉琴。时间就这样一天天过去了，年轻人的琴艺日渐长进，逐渐成了一名真正的小提琴手。后来，年轻人知道了那位老妇人并不耳聋，而且还是音乐学院最有声望的教授，曾当过乐团的首席小提琴手。

第一节 口语技巧

教师的语言不只是传递知识的工具，也是沟通师生关系、交流感情的纽带。

为了适应师生沟通中的不同情景和学生的个性差异，教师除了要重视语言的表达内容外，还要重视语言表达的技巧。

教师的口语在整个教育教学过程中占有重要的地位，语言的表达、交流主要由口语来完成，因此教师口语的技巧关系着教育的质量。一句有魅力的语言能够打动学生的心灵，如同投入平静湖面的一粒石子能激起学生的思维和情趣。俗话说："良言一句三冬暖，恶语伤人六月寒。"作为教师，当与学生沟通时，应注重发挥口语表达的魅力与艺术。

一、教师的口语特点

教师的口语在教育教学中占有重要地位。教师的劳动全凭一张嘴，口才的好坏关系到教学教育质量的好坏。[1]社会称教师是"舌耕"之人，说明在教育教学过程中，教师使用最多的、最便捷有效的是职业的口语。作为一名教师，不仅要精通书面语言，更要熟练掌握和运用口语。教师口语区别于一般职业的口语，有如下特点：

（一）感情性

在教育教学的过程中，师生之间不仅是知识的传递，同时还伴随着心灵的接触，情感的交流。因而，教师的言语表达应当充满情感的色彩。苏霍姆林斯基说："用形象的话来说，就是在知识的活的身体里，要有情感的血液在畅流。只有这样，才能拨动学生的心弦，引起他们内心世界的共鸣，激发他们对知识的不断探求。没有情感的语言是苍白无力的，更谈不上感染学生。"不善于用语言表达情感的人永远不能成为一名出色的教师，哪怕他知识特别渊博。

教师语言艺术的根就是情。教师在教育教学活动中，应该用动情的语言打开学生稚嫩的心扉，让学生感受到你的真诚，从而唤起学生的信任感。教育心理学的研究表明情感性的话语比单纯的理论性话语，更能收到好的教育、教学效果。

---

[1]　马显彬.教师语言学教程[M].中山大学出版社，2000：12.

优秀教师的高明之处就在于用满面春风的语态、带有浓郁情味的话语、饱含激情的语气来引发学生的情感。在情感共鸣的语境里对学生进行教育,使学生为之所动,从而转化为良好的学习动机,获得理想的教育效果。

案例6-1-1 "情感安慰剂"

学生小王因病请了三天假,今天刚来上课。班主任老师微笑着迎了上去:"嗬!小王来了!你的病好了吗?高烧退了吧?以后可要当心,天气冷了要多穿衣服。"然后,老师转向全班:"同学们,小王恢复健康了。瞧!他今天来上课了,让我们欢迎他!"说完带头鼓起掌来。在掌声中,小王感动得流泪了。试想学生请假好几天,回到学校上课,如果你对他说的第一句话是:"小王,你已经缺了不少课,要加倍努力呀!"或者说:"有医院的病假条吗?那么家长证明呢?……没带?!回去拿!"让学生离开教室。毋庸置疑,这位班主任老师是用爱护关切的询问、饱含真情的话语使学生深受感动,这同时也教育了全班同学。相信孩子的学习热情一定会是非常高涨的。

教师在话语中注入丰富的感情,是一门艺术。教师只有把自己的深情融入到教育教学活动中去。做到情到深处自然流露,才能产生像磁石一样的吸引力,触动学生的心弦,引起师生心灵的共鸣,学生才会对教师产生亲近感、信任感,从而对教师的教学内容产生浓厚的兴趣。

(二)准确性

科学准确的口语表达是对教师口语最基本的要求。教师在教学时,要向学生传播正确的知识信息,要准确地使用概念,科学地进行判断,合乎逻辑地推理,语言要准确、清晰,让人理解,让人信服。小学语文课本中有一篇《落花生》,有位教师在解释时望文生义,说"落花生"就是种花生的意思,这个解释也错了,因为"落花生"其实是花生的另一种名称。像这种错误,如果以讹传讹,就会误人子弟。教师负有"传道、授业、解惑"的重任,教师语言的准确与否直接关系到我们的教育教学质量。因此教师使用的一切语言都必须科学准确,具有学术性和专业性。

(三)教育性

教师口语的教育功能,不但表现在对学生进行思想教育,也表现在大量的课堂教学口语之中。语言是思想的直接显示,因此,教师既要向学生传授知识,又要授之以德,必须寓思想教育于知识的传授之中,在讲解科学文化知识和培养技能的同时,注意用高尚的道德情操培养、熏陶学生,教给他们做人的真谛。教师口语的教育性应该是渗透在教师的言语之中的,而不应该是干巴巴地说教或简单地贴标签。应该注意随机渗透,启发诱导,使学生在教师的言语中,能够汲取到健康成长所需要的营养。

案例6-1-2 美景尽在山顶

有一位教师组织同学去郊游,在爬山的时候,一名同学的脚碰了一下,受了点伤,就不想再爬了。这时,这位老师首先是鼓励她坚持,然后又招呼其他的同学替她背背包,搀扶着她一道向上爬。登上山顶,当同学们面对着尽收眼底的美景欢呼激动过后,教师语重心长地说:"如果不登上山顶,会观赏到这么美的景色吗?其实有很多事情道理是一样的。不论做什么事,在遇到困难的时候,只要不灰心、不逃避,大家友爱互助,就一定能战胜挫折,取得成功!"

以上案例中的这些话在平时说可能会流于空洞,在此时此地却显得很自然,而且教育效果也会更好。

(四)规范性

教师工作的性质决定了教师语言的规范性。教师要为人师表,语言的示范作用是非常重要的一方面。教师的一言一行都是学生学习的榜样和模仿的楷模,所以教师语言的示范楷模作用,也决定了教师口语必须力求规范。

教师要讲普通话,且要声音洪亮、语流通畅、语速匀称、语调优美等。教师要克服用方言及不规范的语言进行教育教学，有些教师往往说话带有随意性、口语化。殊不知，教师的一些无意识行为会潜移默化地影响学生，对他们的语言思维造成或多或少的障碍，导致学生语言的贫乏、不得体乃至错误。教师应努力在课堂上为学生树立楷模形象，让学生在"照镜子"中不断对照自己，使之语言得以规范。

二、教师口语艺术

教师口语的艺术，是一种创造性的语言运用艺术。包括教师富有独创性的话语风格，巧妙的语言策略，敏锐的语言应变和话语，丰富的语言表现力以及对语言美的不断追求。它是教师先进的教育思想、丰厚的知识积淀、娴熟的教育技巧和高超的言语运用能力的完美结合。

（一）幽默风趣

前苏联教育家斯维特洛夫认为："教育家最主要的也是第一位助手，就是幽默。"美国教育家保罗·韦地博士曾向9万多名学生进行了调查，从中归纳出教师应具备12种素质，其中第七项即是：教师语言要有幽默感，也就是说，学生最喜欢有幽默感的教师。幽默语是教师聪明才智的表现。

1. 幽默风趣的作用

（1）调节课堂气氛

心理学研究表明，人们在良好的情绪下，思路敏捷，解决问题迅速；而心境低沉和郁闷时，则思路堵塞，动作迟钝，无创造性可言。教师健康的幽默能够创造出教学的幽默情趣，活跃课堂气氛，使学生人人精神愉快，个个情绪激昂。可以说，幽默的语言是激活教学氛围、增强教学魅力的有效途径。

案例6-1-3　课堂不再枯燥乏味

练习课上，讲到大半部分时，感觉学生们情绪不是很高，气氛显得有些沉闷。老师觉得应该让学生们笑一笑，缓解一下上课的疲劳。刚好讲到一道非常简单的题目，大概意思问的是"生物最基本的特征是什么"，本来是准备"擦身而过"，如此简单的题目，考的知识点学生应该都知道，也没有什么可扩展的。但老师灵机一动，说："这道题如此简单，'地球人都知道'，如果我们班上还有人不会做，我还教什么生物呀？回家种地去！"学生们一听，笑了，情绪明显好了很多。老师又说："同学们不信？要不做个'验证实验'？"学生们笑着齐声说："好！"然后，老师随意叫了位同学，让他回答这道题。这位同学果然顺利地答出。老师连忙称谢："谢谢！谢谢你！呵呵，真心感谢你让我保住了饭碗，不用回家去种地了。"学生们闻言大笑。随后的练习讲解中，学生们明显多为热情和积极性。

教师可以在课堂上灵活运用幽默语言，尽可能发挥自己的幽默感，让课堂上死气沉沉的气氛化为乌有，提高学生的学习兴趣。

（2）拉近师生情感距离

幽默的语言能缩短师生初次见面的情感距离，它使师生关系更为和谐，它消除了师生间的陌生感和误会，缩小了师生间的心理差距。

案例6-1-4　郝老师和好老师

一位新教师，刚刚走进教室自我介绍说："同学们，我姓郝……"话音未落，不知哪个调皮学生随之尖声叫道："噢，好得很。"引得全班哄堂大笑，教学秩序顿时混乱。面对这种情况，郝老师并未发火，却神态怡然地说："同学们，先别忙着夸我好得很，从今天起，我将与大家一道学习，过段时间你们再评价我讲课好还是不好，行吗？"骤然，学生们露出了会心的微笑。事后，那个搞恶作剧的学生，主动向老师承认了错误，收到了良好的教育效果。

有幽默感的老师会自我解嘲，会转移冲突不硬碰硬，会运用智慧巧妙教化学生。郝老师本着宽容、教育的精神，网开一面，顺势接过话头，以谐音手法灵活地转换话题，机智地予以"曲解"，这样既缩短了师生距离，融洽了感情，又保证了在和谐的气氛中继续上课。

(3) 批评学生不良行为

不管是什么课堂上，都会遇到一两位"问题学生"对上课不感兴趣，如果老师严厉当众批评，后果是很严重的，会导致"问题学生"更加厌倦学习，而老师如果应用上幽默语言，将事情灵活处理，这会使学生由衷地感激老师，敬佩老师。

案例6-1-5 "问题学生"不再是"问题"

星期一下午在高二5班上课。从上课开始就一直听到后排有位同学在玩硬币，叮叮当当的声音很是闹心。老师几次向声音的源处瞪眼，但没人理他。开小差的同学根本没有把心思放在上课上面，一股脑地晃荡着硬币，想着心事。于是，老师不得不边说着话边走到后面，来到这位同学身边，这位同学才从自己的"神游"世界中回到现实。老师对他说，也是对全班同学说："不好意思，我是爱'才'的人，从你这硬币响起开始，我就一直没有安心地上课。（学生们笑）的确是你的硬币声吸引我过来的。求你了，能不能把你的这几块硬币放到我口袋里，让我也过过瘾？（学生们笑）"这位同学听出了老师的话外之音，有点不好意思地把手上的六块四角钱的硬币递给了老师。老师一把放进了上衣口袋，特意夸张地拍了拍口袋，说："谢谢。原来只知道ATP是'能量货币'，今天才晓得硬币也是能量。这块硬币进了口袋，我更有劲了。上课也安心了。"学生们又笑开了。教学又恢复了正常的进程。下课后，老师将这些硬币悉数还给了这同学，并说："正所谓是，君子爱'才'，取之有道。"

"货币也是能量"将生物知识与此事件联系在了一起，学生们在一笑而过的同时又巩固了知识且应用了知识，这应该可以说是"一举多得"吧。幽默语言的灵活运用能及时地化解课堂尴尬，解决"问题学生"的叛逆表现，同时也能启发其他学生，巩固旧知识。

案例6-1-6 分子的扩散

一位物理教师在讲分子运动时，发现一个学生在偷吃橘子，便故作惊讶地提问："请同学们注意，教室里有股什么味？"很快就有学生判断出是橘子味，这位教师风趣地说："不知是哪位学生想让大家体验分子扩散的现象。不过，像这样的实验，还是应该在课后进行。"学生都笑了，那个违纪学生也悄悄收起橘子。

这位教师将批评教育与课堂知识结合得天衣无缝，既让大家对分子扩散现象加深了印象，又含蓄温柔地批评了违纪行为；既让学生受到教育，又增加了教师的魅力。

（4）补救师生沟通失误

毋庸讳言，在教学过程中，由于各种各样的原因，教师难免会产生一些失误，这种失误往往将教师置于尴尬的境地，而幽默是摆脱尴尬的绝妙处方。

案例6-1-7 马德堡半球实验

一位物理教师的妙语补失："同学们，为了证实大气压的存在，这个抽了空气的马德堡半球当年用了八匹马都未能将它拉开，现在请两位同学来试一试。"由于准备工作有误，二人用力拉了一会，球竟被拉开了，演示失败，怎么办？情急之中，这位教师说了句俏皮话："早知道你俩比八匹马的力气还大，我就该换一个较大的马德堡半球。"说完教室内充满了欢声笑语，解除了教师窘境。

教师一句妙语，天衣无缝，局外人根本不知道他演示实验中出现了失误，知情人也为他的应变技巧而折服。

2．风趣幽默的使用方法

（1）曲解法

曲解就是把词语做别的解释，这种解释蕴含滑稽的味道，与原意不协调，在教学中经常出现的答非所问即是一种曲解的形式。

教师：电与闪有什么不同？

学生：闪电不付电费。

显然学生本末倒置，没有答出应回答的内容。对学生的这种答非所问，教师应正确对待，尽管可以活跃气氛，但是本身也反映了学生学习的不认真，没有认真思考问题，一定程度上也说明教师的教学没有吸引力，所以，教师应尽量避免这种现象出现。

（2）意外法

意外就是指预想与结果相反或不一致。意外法需要学生与教师配合，教师与学生交流时要善于引导学生为自己铺垫，以便更好地提高意外幽默的表达效果。

案例6-1-8　意外答错

教师问学生一个问题，先后叫了几位同学回答，并且说他们答的都有道理，有自己的见解，最后叫全班举手表决，赞成这种说法的人不少，于是教师又说英雄所见略同，学生以为答对了，结果教师说："不过，回答错误。"全班哈哈大笑，可见，意外幽默的关键在于铺垫。

（3）双关法

一语双关往往具有幽默的艺术效果。

一篇学生的作文，写得很片面，不够深入，教师在评价时称其为"井底之蛙——目光短浅"。这种双关语在英语教学中经常出现，以幽默的形式既可以活跃课堂气氛，又让学生很容易记住知识。

案例6-1-9　吆喝还是要喝

Professor：Order！

Students：Beer！

order 既有"安静"的意思，也有"点菜（或饮料等）"的意思。教授让学生们安静下来，而学生们理解为问他们喝什么。对这一幽默故事，有人给出了如下佳译：

教授：你们吆喝什么？

学生：啤酒！

译文妙就妙在利用了汉语里"吆喝"与"要喝"的谐音，译者把原双关语的诙谐意味十分恰当地表达了出来。

幽默毕竟只是教学的辅助手段，在运用时我们要注意有个"度"，不能过分滥用，"喧宾夺主"式的过多打趣会影响知识的传授，会引起学生的反感；另外幽默绝不是哗众取宠，更不是轻薄地耍贫嘴。引起学生发笑不是目的，重要的是笑后得到深刻的哲理启示。

（二）委婉含蓄

委婉含蓄是一种间接的语言表达方式，是与直接说、明说相比较而言的。在师生的沟通中，教师的话虽然完全正确，但学生却因为碍于情感而感到难以接受，这时直言不讳效果一般就不好了。这时使用委婉含蓄的说法，把话语磨去一些"棱角"，曲折间接表达教师的本意，既能使双方在舒心宽松的环境下交流，又让对方在听话时感到自己是被尊重的，这样就能既从理智上，又在情感上接受老师的意见了。

1.委婉含蓄的作用

第一，使学生易于接受。当某些事情教师考虑到会伤害到学生或者使学生尴尬时，教师采用委婉含蓄的说法，不会使对方陷入危难境地，很容易接受。

第二，巧避锋芒。有时师生之间在某些非原则问题上有不同的看法，教师可以用外交辞令式的含蓄加以暂时的回避，让学生保留有自己意见的余地，或者避免公开发表教师目前并不想发表的意见，以引起不必要的冲突。如一位因犯错误逃学刚来报到的学生，班主任在向大家介绍时说："由于大家知道的原因，某同学终于在今天回到自己的班级……"

以上的说法既不伤害该同学的自尊，又没有让全班同学感到教师有包庇行为，甚至还包含着一些对犯错误同学的欢迎之意。

第三，暗示批评。有时含蓄的话语是为了对学生的不良行为从侧面敲击一下，使其注意，但不太伤害他们的面子。"响鼓不用重槌敲"，明话暗说，让学生明白事理，愿意接受教师的正确意见。

案例6-1-10 早熟的果实不好吃

某学生沉溺于早恋,功课下滑。老师单独找她谈心,并随手指着身边的一盆花说:"你看这几朵花急于争春都过早地凋谢了,多可惜啊!"学生先是一愣,后强作镇定。老师又说:"小时候,我家门前有棵柿树,每年八九月份挂满了青柿子,煞是诱人。于是,我背着大人爬上树摘了一兜,张口就咬,哇,又苦又涩。你知道这是为什么吗?"学生脸一红,羞愧地说:"老师,我明白您的意思了。"

总之,使用委婉含蓄的技巧时,一方面要选取对方容易接受的角度,另一方面也要看对象的特点,因为不同年龄、素质的学生对语言的理解推断能力是不同的。

2.委婉含蓄的使用方法

(1)曲语法:实际上是一种借喻的方法,用另一事物来喻这个不便直说的事物。如教师在讲到语音停顿时发现有人在讲话,教师便说:"停顿有提醒作用,当教师发现学生在讲话时,往往停顿下来不说话,意思是告诉大家不要说话。"显然,教师在这里间接委婉地批评了讲话的学生。

(2)暗示法:是用一种含蓄、不公开的语言去告诉他人,从而达到传递信息的目的。裴振国在《交往的艺术》一书中说:"暗示是在无对抗的条件下用含蓄、间接的方法对人的心理和行为产生影响。这种影响表现为使人按一定的方式去行动或接受一定的意见。"[1]

案例6-1-11 "尊师"演讲会

几位学生在其他任课教师课上捣蛋。班主任找到他们,但只是说:"班级打算开一次'尊师演讲会',就请你们几位准备好上台演讲,做精彩的表演。"几位同学脸红了,感到难为情,最后主动找老师承认了错误。

---

[1] 马显彬.教师语言学教程[M].中山大学出版社,2000:46.

（三）模糊灵活

在师生沟通中，教师有时会因某种原因不便或不愿把自己的一些意见明确地表达出来，这时，教师可以采取模糊的口语技巧，可使表达显更得体、礼貌，不会使双方陷入难堪，从而达到"言有尽而意无穷，余意尽在不言中"的表达效果。

1.模糊灵活的作用

第一，灵活主动处理问题

当对某些问题的回答超出教师的权限时，或者认为时机尚不成熟时，特别是突发事件的结局尚不明朗时，教师使用模糊语言就可以很灵活地使自己处于进退自如的主动地位。例如，学生跟教师反映上次考试某生作弊，老师在没有现场抓到证据的前提下，对反映的同学说："这件事我也听其他人反映过，不知道这件事是否如你们所反映的那样，但我会调查的，调查后我会秉公处理，绝不姑息作弊行为，但也希望大家不要议论，下次考试会严查考纪。"这样的表达既给了学生答复，也给教师留有余地去调查事件，以便做出灵活处理。

第二，避免某些敏感问题

案例6-1-12　巧妙的回答

学生问班主任："您觉得教我们班级的任课教师中谁课上得最好？"

老师回答："各人有各人的特点吧。"

学生问教师："您是不是最喜欢我们班的××同学？"

老师回答："是好学生老师都会喜欢。"

案例6-1-12中教师巧妙的回答，既避开了敏感问题，又回答得天衣无缝。使用委婉含蓄的说法很好地为教师解了围，避免了尴尬境地。

第三，照顾对方的自尊

对于批评的语言使用模糊灵活的处理方式，一方面能保护存在问题学生的自尊，同时又对他们起提醒、敲打作用。如教师在批评问题学生时，一般都这样说：

"绝大多数同学是好的，积极向上的，少数同学还存在一定的问题，个别同学问题较为严重。"

2. 模糊灵活的使用方法

（1）利用模糊词

语言中有很多词具有模糊性特征，如教师对学生说："希望这样的错误以后不要再犯，今后改正。"其中"以后""今后"都属于模糊词。

（2）言语模糊

言语模糊是指语言交流中的模糊表义形式。如"个别同学上课爱说话""许多同学都为这次运动会做出了贡献"。其中的"个别""许多"都是属于模糊灵活方法。教师在教育学生时更要注意这种方法的运用。如有位学生偷了其他同学的东西，老师在批评时就可以模糊一点，把"偷"说成是"不小心拿错了别人的东西"之类，以避免给那位学生带来过大的刺激。

第二节　教师体态语言技巧

教师在教育教学中，除了运用有声语言外，还需借助于一些表情、手势、动作等无声语言的表达来补充有声语言的不足，传递特定的信息，以加深印象，从而收到良好的教育效果。这种借助身体动作来表情达意的信息系统称之为体态语，主要包括面部表情、眼神、手势、动作姿态和外表修饰等。

一、教师体态语的作用

心理学家和语言学家的研究表明，在许多场合，体态语言等无声语言所表达的意义要比有声语言丰富得多、深刻得多。教学过程中恰当地运用体态语言，不但能对有声语言起到辅助和修饰作用，弥补其不足，使有声语言更好地完成其表达功能，而且还能独立地发挥作用，表达出有声语言难以传递的情感和态度，促进师生间思想和情感交流，使教学内容具体化、形象化，从而使教学更具有艺术性，创造融洽和谐的教学气氛，产生强烈的感染力和说服力，增加教学效果，实现教学目标。

（一）辅助言语表达

体态语言有辅助口语表达的作用，在某些方面可以弥补口语表达的不足。教师在利用口语进行表达时，常常有一些伴随性的体势动作，发出各种信息。这种体势语与有声语言结合在一起，同时作用于人们的视觉和听觉，拓宽了信息的传输渠道，补充和强化了有声语言的信息，把人的情感表达得更为彻底和真实。如在体操教学中，教师经常使用手臂来代替口语比划讲解，说明动作技术环节和运动形式等。这样既增强了口语的效果，又能牵制学生的注意力，教学过程变得有声有色、生动活泼。

体态语的使用可以辅助或补充说明言语的确切含义，使语言表达更有说服力与感染力。特别在小学阶段，学生语言理解能力较差，认识事物时需要一定的形象性，而体态语言所具有的形象性特点能使学生更容易接受新知识、新信息。因此，教师在课堂教学中应使用恰当的体态语辅助言语行为传递信息、表达情感，学会在情境中传授知识。例如，在听过的一节语文课上，教师在讲述诗歌《静夜思》中"举头望明月，低头思故乡"的诗句时，结合意境，边描述边用动作渲染"举、低、望、思"四字的含义，配合眼神自然情感的流露，使学生融入其情境中，品味诗的意境，使得教学效果倍增。

（二）调控交际活动

教师的体态语是有效控制学生课堂行为的重要手段之一。心理学研究表明，单调的刺激易使人疲劳，分散注意。而教师在讲课时适当辅以手势、表情，就可丰富课堂，调节气氛，保持课堂的活泼、生动与和谐。我国许多有经验的教师常常通过自己的体态行为来表达他们对学生课堂行为的肯定和否定，从而达到控制学生课堂行为的目的。如当学生听课注意力分散时，教师突然中断自己的讲课，用眼睛扫视全班，学生的注意力便立即指向教学内容。当个别学生在课堂上思想开小差时，教师不是指名批评，而是以手示意，学生便会立即回到教学中来。教学过程中，教师用体态语来调节和控制，既能节省教学时间，也能保证教学的顺畅和圆满。

(三) 沟通师生感情

体态语言也有沟通师生之间和学生之间思想感情的作用。在教学活动中，教师的一颦一笑、举手投足，都会感染学生。教师丰富得体的体态语，不仅能给学生外在美的观感，而且能表达教师的丰富而充满个性色彩的情感，产生巨大的魅力，深深感染学生。当教师对学生注视、微笑、轻抚等，这些体态语言传递给学生的就是教师对他的关心和肯定。

案例6-2-1　　无声的鼓励[1]

一位教师讲《为了忘却的记念》：

"鲁迅为什么称官厅为'不明不白的地方'呢？"教师问。

当指定学生起来回答时，教师将身体微侧前倾，并抬起左手，朝回答者的方向，做出一种聆听的姿态。

然而学生并未回答准确。

教师呢，却将头略微晃一晃，保持原来的姿态，似乎是在下意识地"噢"了一声，启发道："还有呢？"那表情给人的感觉是：他非常重视、期待学生的再次回答。

此时，观察全班同学，他们的目光已一齐投向回答者，但是，这目光不是嘲笑和责备，而是由教师耐心感染出的鼓励和信赖之情。就这样，一面是耐心的启迪和诱导，一面是殷切的鼓励和信赖，答问者终于在莞尔一笑之后找到了正确的答案。

教师、同学、答问者之间在态势语辅助配合下进行情感交流，形成了配合默契、轻松和谐的课堂气氛，从而顺利地完成了教学任务。

---

[1]　李文芳、赵艳红、孙燕.教师语言艺术[M].中国文联出版社，2002：80.

二、体态语的基本要求

教师在使用体态语言时要运用得体、自然大方、适度适宜、准确无误，才能达到和谐的美。

（一）自然

自然是对体态语的第一要求。动作要自然，自然见真淳。有的人说话时，动作生硬，刻板如木偶；有的人则刻意表演，动作和姿态总是那样做作，像在"背台词"。这都使人觉得别扭、不真实、缺乏诚意。体态语的运用应当是随情所致，自然大方，是内容、情感的自然表达，是个性风格的自然流露，任何矫揉造作都是不可取的。

（二）得体

教师体态语言要得体，表现在：教师的体态语要与教师的角色身份、年龄、课堂教学环境和教学内容相适应；教师的体态语动作要考虑到学生的年龄、性别、知识结构等；教师的体态语动作不能夸张，要自然、生活化；教师要力求避免不雅的体态语动作。

（三）适度

所谓适度，即要求动作要适量，以不影响听者对你说话的注意力为度，不要用得过多。教师在教育教学活动中，运用体态语更要注意不宜过分夸张，形式不宜复杂，力度和频率要适中，说话的内容、情绪、气氛要协调一致，不要故作姿态，故弄玄虚，甚至手口不一。

（四）准确

体态语言的运用，必须准确明了。首先，表露情感应准确。对某个学生的进步满怀喜爱，脸上却冷若冰霜，对某个学生的错误进行批评，却喜笑颜开，这都属于对体态语言的错误运用。其次，象征性动作要准确。如跷起大拇指表示赞扬，点点头表示对学生的应允或肯定，这些象征性体态语的意义都是固定的。再次，运用体态语言说明事物时应准确。

三、教师体态语的类型

对于教师体态语的分类由于视角不同，所以分类也不同。比如，从体态语的表达效果分，可分为：积极体态语、消极体态语、中性体态语；从体态语的发生种类分，可分为：无意识体态语、有意识体态语；从体态语的形态分，可分为：象征性体态语、说明性体态语、表露性体态语、适应性体态语、体调性体态语。按照一般体势语言系统的构成可划分为表情语言、举势语言、姿态语言，其中表情语言又分为眼神语言、嘴态语言、面部语言，举势语言又分为手势语言、头势语言；姿态语言又分为站姿语言、坐姿语言、走姿语言（如图6-2-1）。

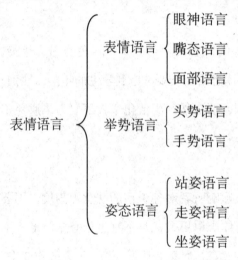

6-2-1 体态语言分类图

依据人体结构，可以将体态语言表达系统分为三部分：

第一部分是身体本身的动作及态势，可分为面部系统、上肢系统、躯干系统、下肢系统。

第二部分为副体态语表达系统。是指除去身体态势之外的服饰、发型发饰等具备一定表达功能的手段。

第三部分是空间语言表达系统。人体在空间的位置也能传递信息。研究人与人空间距离的学说，称为近体学或界域学。根据近体学的理论，人际距离是人际关系密切程度的一个尺码，人们之间的关系与人在空间保持的距离有着某种联系。

四、体态语的运用技巧

尽管体态语的分类有很多种，但在运用时又不能完全孤立，不同的体态语要互相配合使用。在交际沟通中，体态语是一个整体，是动作、手势、表情、眼神的综合运用。

（一）表情语言

表情语言分为眼神语言、嘴态语言、面部语言三种形式。

1. 眼神语言

爱默生曾说："人的眼睛和舌头说的话一样多，不要字典，却能从眼睛的语言中了解一切。"可见，在面部表情中，眼睛能传神、会说话，最能表达细腻的感情。研究表明，外界的信息约有 80% 是通过眼睛获得的。目光是重要的情感传递中介，目光中既可产生批评的作用、赞扬的作用、启发的作用，也可表示鼓励、关心和提醒，还能给人以理解、力量和愉悦。比如：当你的故事正讲在精彩之处，孩子们听得津津有味之时，有个别孩子小声说话、搞小动作，那么，你投以一个严肃、制止的目光，比大声呵斥更起作用。这样，既可避免伤害其自尊心，又不影响其他孩子的注意力；当你的课堂上，那些性格内向、胆小怯懦的孩子羞于举手发言时，你投一个赞许、鼓励的目光，将使其精神振作、思维活跃。

教师在课堂上艺术性地用好眼睛，有利于辅助教学，提高教学效果。教师的眼神在教学中使用较多的是注视和环视。

（1）注视

将目光较长时间地固定于某人或某物。辅以不同的视线、视角或不同的表情，可以表达不同的情感。

①严肃的注视：严肃的表情、低缓的语调，加上不动声色的注视，会让学生感到一种威严，对于比较调皮的学生，他们会慢慢收敛放纵，教师这时再给予语

言的说服教育开导，自然会收到较好的教育效果。

②鼓励的注视：亲切的态度、和蔼的面容，加上鼓励的注视，会让学生感到温暖，对于课堂上回答不出问题的学生，会调动起学生的自信和勇气，他们会静下心来深入思考，打通思路，提高学习效率。

(2) 环视

目光在讲话对象范围内做较大范围的扫描。这是一种在教学教育活动中很重要的眼势语，是一种无声的组织教学手段。环视时教师的面部表情应显得自然、灵活、安详、亲切，像春风拂面，使烦躁的安静，使萎靡的振奋，使自卑的自信。环视一般在以下几种情况下使用：

①讲课之前。上课的铃声刚刚响过，教室里还未完全安静下来，这时使用环视，能引起学生注意，集中学生的注意力，为开始上课做好准备。小学阶段，特别是低年级，由于学生自控能力较差，上课后，学生一般不能立即进入课堂角色，使用命令语言可以使学生停止吵闹，初次使用命令语言会起到较好效果。但多次使用不仅达不到效果，而且会使学生心理上产生逆反情绪。此时若教师走上讲台使用环视目光，可使学生注意力迅速集中到教师身上，以便教师正常授课，也可避免使用命令语言。

②提问之后。在课堂教学过程中，当教师提出一个有难度的问题后，如果暂时没有学生能够回答，这时他会运用环视。第一，通过对全体学生的环视，以鼓励每一个同学都开动脑筋，深入思考问题的正确答案；第二，借助环视，以发现找到或接近找到问题答案的学生，便于随时提问。这时的环视，目光饱含鼓励与期待，在重点学生身上可以稍停片刻，给予鼓励，效果较好。

③教学过程中。在教学过程中，教师也经常通过环视调控课堂气氛。这时的环视节奏、表情，要根据当时课堂的情况而定，如果当时课堂纪律涣散，学生交头接耳说话，教师的环视要严肃、庄重，让学生感到一丝威严；如果当时学生精神不振，教师的环视要亲切，并说上几句振奋精神的话……而考试时的环视则主

要是用作监督。

④列队之后及集体活动开始之前。学生因某种需要而在室外排队集合，作为组织者的教师常在学生列队之后环视整个队列，这种环视多带有检查队伍是否整齐的意味，因此教师环视时学生常挺胸抬头、调整体势予以配合。

眼神在师生沟通方面使用得当会取得积极的效果，否则，也会适得其反。要正确运用，就要把握好"度"。

2. 嘴态语言

嘴形的变化与人的情绪、感情、心态等紧密相关，除了眼睛之外，嘴形可以说是窥视人情绪变化的另一扇窗户。嘴角挂的一丝笑意表露心中的欣喜；嘴唇紧抿表示心中的不满或意志的刚毅；嘴唇微张可能是想某事而发呆或看某事吃惊；嘴角耷拉下来可能是生气的表示；嘴角上扬可能是喜上心头……

嘴态语言具有禁止、劝阻的表意功能。具体做法就是双唇拢圆突出，用食指竖立在嘴前，表示"请安静"、不要出声"等意思，以提醒他人不要说话。有时还发出轻轻的"嘘"声，眼睛一般比平时稍稍睁大（如图6-2-2）。这种嘴态语言可以用来制止学生讲话，如上课时教师发现许多学生在讲话，就可以做这个动作以保持安静。

教师如果注意自己的嘴形所表达的情感，那么会给你的教育教学带来意想不到的效果。在这里我们要提醒教师的是嘴不要长时间张开，因为这种嘴形常常给人以呆傻的感觉，应尽量避免。

图6-2-2 嘘——

3. 面部语言

著名作家罗曼·罗兰说："面部表情是多少世纪培养成功的语言，是比嘴里讲的复杂千百倍的语言。"教师在教学过程中，不可以没有丰富的表情语言，合格的成熟的教师在教学授课时他的面部表情总是随着具体教学内容的变化而变化。教师绘声绘色的描述加上抑扬顿挫的谈吐，会使同学的心情倍感愉悦，并能营造出轻松愉快的学习氛围，提高学生的学习效率。

面部表情包括面部肌肉、眉、唇等的变化，教师在教学中的表情可以大致分为两类：常规性表情和变化性表情。常规性表情即教师做到和蔼、亲切、面带微笑，微笑也是面部表情中最基本最主要的表现形式。

(1) 微笑

微笑有扩散的作用，能感染人，使之感到轻松、愉快。教师在与学生交往中，应面带微笑，不能板着脸，抑郁寡欢容易让学生形成内向的性格，课堂气氛死气沉沉，不利于调动学生的学习积极性，影响教育教学质量。

首先，微笑可以使学生放松情绪，减轻压抑感，他们会觉得老师是可亲近的，从情感上就已接纳了教师，从而能主动地、自愿地接受教师所传授的知识，进而在友好、和谐的环境中完成教学任务。

其次，微笑可以起到鼓励、信任的作用，学生在回答问题时答错了或一时答不上来，你一个微笑投递过去，学生会从中得到鼓舞与信任，解除心中的畏惧而调整情绪。

再次，微笑还可以在素质教育中起到潜移默化的作用。在职业教学中，某些专业学生的专业素质培训之一就是进行微笑语教学。如果教师板着脸讲课，学生又如何笑得起来。另外，微笑还可以美化教师的形象。这种形象不仅在于外表，而且在于内心，它可以陶冶人们的心灵。因此，教师如果采用微笑语教学，不仅塑造了自己的形象，同时也塑造了整体的教师形象。

案例6-2-2 微笑效应[1]

故事1：某学校举行一次作文竞赛，竞赛题目是《老师笑了》。赛后，老师们在批改作文时经常看到这样的句子"一年来，我很少见他笑"、"我多么渴望老师对我微笑啊，可我从未见他笑"、"我们的老师不苟言笑，总是板着冷峻的面孔，

---

[1] 曹冬云.浅谈教师的肢体语言[J].河北教育，2006 (01)：53.

就像冬天冰冷的霜雪，我们这些小嫩苗也被冻得面容麻木了！"

故事2：这段时间，一位老师的心情一直不太好，总是唉声叹气，一改往日的谈笑风生。一次课外活动，该老师心烦意乱地坐在办公桌前批改作业，她无精打采地翻开一位学生的作业本，却意外地发现里面的纸条上端端正正地写着："老师，已经好几天不见您的微笑了，是我们惹您生气了吗？看着您愁眉不展的样子，我们也没心思听课了。同学们都期盼着您从前的笑容。"

案例6-2-2中的两个故事也会不经意地发生在我们身边，只是我们很少意识到老师的微笑对孩子们是那么不可缺少。教师的微笑像金子一样珍贵，它能沟通师生的心灵，唤起学生对美的寻觅，使学生产生良好的心理态势，创造和谐轻松的学习氛围。

微笑是一种掩笑，笑不露齿，区别于大笑。当然笑有很多种，包括讥笑、嘲笑、冷笑，这些都是教师在与学生交往过程中应该避免的，这样做会伤害学生的自尊心，对教师产生不满。

（2）变化的面部表情

人的面部表情有很多种，也随着情境不断地发生着改变。教师在教育教学中也会有随着教学内容而产生的喜怒哀乐、随着教学情境与学生发生的感情的共鸣。它能使课堂效果丰富、生动而又充满活力和吸引力。教师的表情变化要适度，不能过分夸张，以避哗众取宠之嫌；更不能板着面孔讲课，毫无生气，学生可能会望而生畏，产生畏惧心理，也可能心情压抑，注意力难以集中。

师生沟通中常用的几种表情有：①表示关注、饶有兴趣的面部表情。良好师生沟通的基本前提在于教师对学生及其活动的关心和重视。这种面部表情能表达这种关心和重视，并含有鼓励的成分在内。②表示询问及疑问的面部表情。这种表情一般用于与学生谈话时询问某些情况，鼓励学生说出真相，但这类询问常常是教师已明白或猜中了问题的结果，只不过是有意激发学生思考和倾诉而已。③表示满意和赞扬的面部表情。这是一种带有评价意味的面部表情，用于对学生良好行为的评价。这种表情不管是有意还是无意，都对学生具有同样的鼓励效果。④表示亲切、友善的面部表情。这种亲切和善的表情是与学生建立并保持心灵的接触的前提条件，是进入学生情感世界的"通行证"，也应该是教师在工作中的表情常态。⑤表示严肃认真的面部表情。除在讲解一些严肃、庄重的内容时外，教师主要在对学生的一些不良行为进行批评教育时使用这种表情。

另外，教师也应尽量避免一些消极的面部表情，如愤怒、蔑视、害羞、厌烦、无奈等。

(二) 举势语言

举势语言主要有头势、手势两类，尤其手势语言是教师教育教学常用的体态语之一。

1. 头势

人与人交往时，头部的姿势位置表现了一个人的态度，比如，头仰向天，往往表现不屑或看不起；头部稍偏，眼睛注视对方，面带微笑，表示倾听；扭转一边，或左顾右盼，常常表示心不在焉，等等。教师在教育教学过程中，要注意自己的头部的姿态，如果头部的位置正确，再辅以相应的眼神、手势，教育效果会更好。

通过头部的运动态势表达特定含义，教师的头势语基本上有三种类型：点头、侧头、摇头。

(1) 点头。它的基本含义是"同意"或"赞成"，这是一种肯定的体态信号。

(2) 侧首。将头从一侧略微倾斜到另一侧。这一头势的基本含义是"关注"，具体运用时依据面部表情的不同可分为"感兴趣"和"怀疑"两种意思。

(3) 摇头。这是一个否定的人体信号，它的含义是"不"。

2. 手势

手势语是指通过手的动作表现出来的一种体态语，是典型的动作语。由于手势语具有表情具体、意思鲜明、形象感强、动作幅度较大的特点，得体地运用手势语，会使讲话更有吸引力和说服力，具有美感，所以在口语交际中，手势语被频繁地使用。

在教育教学中，手势语是教师必不可少的一种教学辅助手段，是构成教师主体形象的一个重要因素。有经验的教师，总是以文明大方、得体自如的手势语感染学生，激发学生的情绪，引起学生强烈的情感共鸣。可以说，手势语是教师表情达意的一种有效方式。

常用的教师手势语主要借助不同的手指、手掌以及手臂来传情达意。

（1）手指

①大拇指：比如当学生回答完问题的时候，老师可以竖起大拇指表示称赞，可以给学生带来自信，甚至可以影响学生对你这门课的兴趣。

②食指：教师用食指轻点学生额头，同时说出赞美的话，表示一种亲昵和喜爱。例如：小学低年级或幼儿园的老师经常对犯了小错误的学生说："你这个小调皮啊！"以食指轻点学生额头，表示批评，同时表示对他的喜爱，学生在这种批评中很自觉地改正了自己错误的言行。

食指与中指伸出呈 V 字，表示胜利（英语 Victory）。教师摆出这样的手势表达着鼓励期待以及祝贺之意。

知识百科 二战期间的英国首相丘吉尔也十分喜爱打这种手势。据说有一次，他在地下掩蔽部内举行记者招待会时，地面上突然警报声大作，丘吉尔闻声举起右手，将食指和中指同时按住作战地图上的两个德国城市大声地对与会记者说："请相信，我们会反击的。"这时，一名记者发问："首相先生，有把握吗？"丘吉尔转过身，将按在地图上的两指指向天花板，情绪激动地大声回答："一定胜利！"丘吉尔这一镇定威严的举止，刊登在了第二天出版的各大报纸上。从此，这一手势便在世界迅速流行开来。

（2）手掌

手掌各种态势在教育教学中有着非常重要的作用，经常被用来辅助教育教学活动。最常用的是鼓掌。鼓掌是一种积极的体态信号，鼓掌的含意是"赞许、肯定"。教师运用鼓掌表示对学生的赞许时，往往是想鼓励全体学生一同鼓掌，对某一学生给予鼓励与赞扬。当教师把掌声献给学习较差或性格内向学生的时候，会更强烈地激发起他们的自信心，唤起他们主动参与集体活动的意识。

单手上抬，指向某学生，可表示介绍、请求发言的意思。比如当你请同学回答问题的时候可以用右手掌心向上向他表示"有请"的意思，这不仅表达了对学生的一种尊重，也是给学生的一种自信。

双手上抬、掌心向上，除表示起立外，在与学生谈话时可表示自己的诚恳和可信任。亲切温和的招手、恰到其时的带头鼓掌等都是积极的体态语。

(3) 手臂

与学生谈话时，教师如把双手随意相叠在身前、或配以适当手势，学生会感到亲切、真诚与愉快。如把双手背到身后，会给学生以盛气凌人、高高在上的感觉。因此，除监考、巡视时教师可适当背手外，一般不应该出现背手现象。还有，双臂交叉护置于胸前，无论对教师或学生来说，都是一种消极性的体态语。

(三) 姿态语言

1. 站姿

教师的站姿是讲话的基本身姿之一。教师站姿有两种形式。一种是自然式，两脚基本平行，相距与肩同宽；另一种是前进式，两脚一前一后，相距适中（如图6-2-3）。无论哪种站立姿势，都要求肩平腰直，身正立稳，身体重心均衡地分布在两腿之间，或根据表达需要落在前脚，上身可略微前倾，给人以亲切、进取的形象。

2. 走姿

教师的走步要求是抬头挺胸，直立，同时手臂不宜摆动过大，步伐稳健（如图6-2-4）。教师在教学过程中，有时需要在教室来回走动，或者在讲台移动步伐，此时步速宜慢，不能

图6-2-3 站姿

像平常那样旁若无人。走姿中容易犯的毛病有：弯腰，未做到抬头挺胸；走动过

于频繁等。上课时，宜多站少走，以免分散学生的注意力。

图6-2-4　走姿

3. 坐姿

坐姿是双向性的会话式语境中听、说双方的基本身姿。

女性教师在坐的时候要双膝并拢而坐，表现出庄重、矜持、有教养的姿态（如图6-2-5）。当然，也可以通过有意识的身姿变换，实现与对方的心理沟通或调控口语交际过程。

总之，教师的体态语的正确运用，要做到清晰而不乱，适度而不过，高雅而不矫，自然而不拙，这不是短时间能领悟并掌握的，需要教师在不断提高自身素质和修养的基础上不断总结、用心感悟、反复实践后方能习得。

图6-2-5　坐姿

第三节　倾听的艺术

著名教育专家周一贯说过："教师与学生课堂沟通的纽带和桥梁是师生之间的相互倾听与对话，而关键在教师的耐心倾听。"教师的"倾听"是教师对学生生命存在的关注。

倾听是一项技巧，是一种修养，甚至是一门艺术。倾听的内涵意味着要尊重学生，相信学生，关注学生。让他们发出自己的声音，表达出自己内心真正的想法，只有心里有学生，才能做到真正倾听。

教师在"倾听"的同时也开启了学生的心灵，使学生不管在学习或生活中都有意想贴近教师，遇到问题时也会主动征求老师的意见，主动寻求教师的指导。教师的倾听不是浮于表面，流于形式，而是真诚地接纳。教师的愿意倾听和乐于倾听，能帮助教师知道学生的真实想法，明白学生的心声。倾听可以加深师生感情，带动师生互动；倾听可以让教师更好了解学生；倾听可以启发我们的教育教学。然而，在当前的教育中，教师应该反思自己的行为，当与学生沟通时，教师往往不给学生表达的机会，也就无所谓倾听；抑或忽视倾听的作用，出现种种误区。下面我们看一个案例，反思一下教师的倾听行为。

案例6-3-1 我还要回来

美国著名主持人林克莱特一天访问一名小朋友，问他："你长大了想当什么呀？"小朋友天真地回答："我要当飞机驾驶员！"林克莱特接着问："如果有一天，你的飞机飞到太平洋上空，所有引擎都熄火了。你会怎么办？"小朋友想了想说："我先告诉飞机上的人绑好安全带，然后我挂上我的降落伞，先跳下去。"当现场的观众笑得东倒西至时，林克莱特继续注视着这孩子，没想到，接着孩子的两行热泪夺眶而出，这才使林克莱特发觉这孩子的悲悯之情远非笔墨所能形容。于是林克莱特问他："为什么要这么做？"小孩子的回答透露出一个孩子的真挚想法："我要去拿燃料。我还要回来！我还要回来！"主持人的与众不同之处，在于他能够让孩子把话说完，并且在现场的观众笑得东倒西至时，仍保持着倾听者应该具有的一分亲切、一分平和、一分耐心，这让林克莱特听到了这名小朋友最善良、最纯真、最清澈的心语。

从这个案例中可见，林克莱特耐心地倾听，没有轻易下结论，真诚地去了解孩子的内心世界。作为教师，我们应该反思自己平时的教育行为，看过不少老师做过这样的事情：边批改作业边处理学生间发生的矛盾；边玩电脑边听学生的讲话；没等学生把话说完就草率打断学生的话；对"差生"的话置若罔闻，对"好学生"的话句句入耳……这样做的结果不仅挫伤了学生的自尊心、积极性，而且也会使学生感到老师对他缺乏尊重和关心而关闭心灵之窗，不再愿意与老师交流。[1]

一、倾听的原则

（一）尊重原则

随着课程改革的深入，在课堂教学中，学生主体地位越来越强，学生发表意见、提出问题、质疑反驳的机会越来越多。在学生发言过程中，虽然教师听到的可能只是一些零碎的、简单的、幼稚的看法，但这些却反映了学生的思维与观点。因此，对学生话语权的尊重也是对学生的尊重，哪怕是学生与教师发生了针锋相对的见解，我们教师也要态度真诚，尊重学生。这样才能让学生感觉到自信，这样才能让学生在课堂中敢于说话，敢于发表见解。

（二）耐心原则

倾听是一种等待，耐心是一种期盼。教师在学生发言时不应随便打断孩子，也不轻易做出评价，即使是学生错误的观点，我们也要耐心听完，让他们把话说完，把自己的意思表达清楚。当学生说话不具体时，教师可以建议学生讲得更详细，学生讲完话时，教师可以亲切地问："还有其他的吗"、"再想想"或者"请继续说下去"。这样就会使学生的谈兴更浓，把更多的想法和消息真真切切地告诉老师。教师的耐心倾听，会让学生更有信心发表自己的见解，会让学生感到自己语言更具有魅力，会使教师与学生之间、学生与学生之间更加信任、更快成长。

案例6-3-2　没说完的话[2]

上课铃响了，一个一向爱惹是生非的学生气喘吁吁地跑进教室，手上、身上沾满了沙子。我非常生气，大声训斥："学校三令五申不准玩沙坑里的沙子！你居然明知故犯！"学生忙说："我不是玩沙子，我是——"我更加生气："人赃俱在，你还有什么好辩解的？你先回到座位上去，下课后再处理这个问题。"下课后，我

---

[1] 李晓春. 教师要学会倾听[N]. 教育文摘周报，2008-4-30.

[2] 李晓春. 教师要学会倾听[N]. 教育文摘周报，2008-4-30.

才了解到真实情况，原来这位学生发现厕所的地面上有小便的污迹，有好几个学生在那里滑倒了，他便用手捧着沙子去覆盖地上的污迹。这件事对我的触动很大。直到今天，每每想起，都后悔自己当时的浮躁和冲动，伤害了一颗善良、朴实的童心。

倾听需要一种定力，哪怕学生的话极不顺耳或毫无道理，也要耐心地听下去，让他们把话讲完。更何况，很多时候只有听完对方的话才能真正领悟他的真实含义。

（三）真诚原则

教师应本着洗耳恭听的态度，积极热情、耐心真诚地倾听。用鼓励的期待的眼神、微笑的专注的神情，让学生大胆、大方地表达，自由、平等地言说。切不可表现出对"权威"被怀疑、原定的教学计划被破坏的不满恼怒，或是对学生不成熟的甚至浅薄的见解的不屑轻视，或是对学生不甚流畅的表述的急躁不耐烦。教师听学生说话时，回馈要具体、明确，并经常交换回答方式，比如"是的……"、"嗯……"、"很好……"、"请继续"等。在回答时最好不要对学生所说的话进行直接评论或否定，而应用心去体会对方的感情，真诚地理解对方，并适当地用一些描述性语言作为回应，如"我理解你的想法"、"我支持你的做法"等。

（四）细心原则

在教学进程中，学生会面对各种各样的疑难困惑。学生在表述过程中，是他们独立思考、自主学习的开始，也是他们思维走向敏捷、思想走向深刻的过程。其中难免会有这样那样的瑕疵与不足，因此，教师在倾听学生发表见解时，一定要注意细心倾听，避免假听或心不在焉。教师要细心倾听，筛选出其中有代表性的表述，并充分利用，进而激发教学。对于学生表述中的知识性问题，教师要进行必要的知识层面的释疑解惑；涉及教学内容理解的问题，就要求我们随机灵活对待，或适当补充。

（五）交流原则

教育的过程是教育者与受教育者相互倾听与应答的过程。教师倾听学生不仅仅是一个单向接收的过程，更应该是一个双向交流互动的过程。比如，听到疑惑费解的地方，要求他做出解释；其他学生听不清楚时，要求他重述；语言表述形式上存在不当之处，给予纠正；表现出非凡的想象力和独到的见解时，给予称赞；已经意会却无法很好地言传时，及时点拨以通其意；思维旁逸斜出时，因势利导使其言归正传；发言结束后简要地概括和评价等。这样的倾听不仅使发言者受到鼓舞和提升，也能使其他学生的学习质量得以保证。

二、倾听的技巧

（一）营造民主平等的倾听氛围

倾听是交流与理解的基础，而营造一个民主平等的交流环境是获得最佳倾听效果的必要保障。投入地倾听学生，教师首先要放下自己，以坦诚、开放的态度接纳学生，使学生卸下内心的防备，毫无保留地倾述。在学生阐述个人观点、抒发自身体悟的时候，教师尽量不要随意打断学生的发言，一般来说，每个人都有自己理解和观察世界的独特视角和独特的价值准则，都有着自己对问题的思考逻辑与表达方式，而教师所要做的就是以积极的态度认真倾听，用微笑与关注以示鼓励，善于从学生的回答中发现有价值的教育因素。

（二）专心倾听，适当回应

教师的倾听是抱着尊重学生的态度进行的，所以专心是教师倾听的必备条件。倾听并不是单方面的，而是一种互动。教师在"倾听"学生发言时并不是一味地听，一语不发，应在必要时给予回应。如用"还有吗？""讲下去"等鼓励学生。同时，教师对学生的情感反馈也十分重要，要及时准确地捕捉学生瞬间的情感体验，并及时进行反馈，使学生深切感觉到被理解，这时谈话才可能朝着更深入的境界迈进，进一步增加学生对教师的信任。

案例6-3-3　师生对话

生：我真是厌烦透了！数学老师天天在班上点我的名，说我在做数学题时太粗心、马虎。

师：是的，天天被点名的确很丢脸。

生：对啊，现在我看到这个数学老师就感到紧张。

师：看起来你在她的课上觉得有些不放松。

生：就是啊！你想想我每次看到这个老师就紧张、害怕，我怎么可能喜欢她的数学课。

师：哦，你已经知道了你不喜欢数学课的原因是因为不喜欢数学老师这个人造成的？

生：是，我只要看到她就不自在！

师：你把学习数学与数学老师这个人联系在一起了？

生：是的，……咦……（挠头）其实这里面好像不应该有什么直接联系……让我好好想想……

从上述案例可见，教师专心地在倾听学生"控诉"，并适时做出回应，而且表现出对学生的理解，使谈话得体连续，实现了良好的沟通。

（三）换位思考，欣赏地倾听

作为教师要特别注意在倾听时要以一颗充满柔情的爱心，张开你的耳朵，满怀信心和期待地迎接那些稚嫩的生命。在许多时候，教师并不总是先知先觉者，学生对某些问题的看法，往往有可能超越教师头脑中的定式。对此，教师不妨放下架子，在作为指导者的同时，也虚心地向学生学习，把他们看成是一股股有助于完善自身素养的源头活水。

案例6-3-4　"老师落后了"

在小学科学课上，教师在介绍木星时，按照教材指出它有13颗卫星。突然，有个学生否定了教师的说法："不，老师，应该是15颗。"另一位学生马上补充："不，是16颗！"老师亲切地问第一位学生："你怎么知道是15颗呢？"学生说："我在一本科普读物上看到的。"教师接着又问另一位学生，他回答："最近一本杂志上说是 16 颗。"这个教师听了，高兴地对同学们说："你们真了不起！课本上有些知识确实陈旧、过时了，老师也落后了，木星的卫星究竟有几颗，课后我们再研究、核实，好吗？"

教师在课堂上一边教学一边换位思考，"倾听"学生发言，同样会从学生那里学到很多知识。教师如果能够体谅学生的思考方式，认真听完学生的发言，给学生多一点欣赏，多一点鼓励，增强学生的信心，无疑会对学生素质的培养起到重要的作用。教师在对事件做结论之前应该能够先将自己放在学生的位置加以思考，听取学生的解释，真正弄清楚事件的真实原委。教师的换位思考、主动"倾听"不仅能正确解决学生的纠纷，也是对学生的一种教导。

（四）真情参与，倾听心灵之声

教师在倾听学生的回答时，有时可以用面部表现如一个微笑或各种手势如竖起大拇指、OK 的手势等来表示感情。这些都可以把承认、接纳和关心的信息传达给学生。学生的成长是身心裂变的过程，成长的过程充满着困惑和疑虑。随着年龄的增长，学生慢慢学会了故作深沉，学会了将心事偷偷写进日记，学会了一个人默默承受。教师要成为学生成长的引路人，要有包容的心态，要学会在真诚的倾听中赢得学生的信任，走进学生的内心世界，去抚慰成长中敏感的心灵。教师要善于把握合适的时机与学生进行倾心交谈，同时放弃成人固有的思维方式和刻板眼光，对学生的喜怒哀乐感同身受。当然倾听不是最终目的，倾听是为了提供帮助。

倾听是帮助教师打开学生心锁的钥匙。所以，倾听的内容不仅只限于学习感想，还应包括情感思想和日常生活。倾听的场所也不仅仅局限于课堂上，在课间、在课外活动中教师随时都应认真倾听。

案例6-3-5 倾听是最好的鼓励[1]

次仁顿珠，是我班学习困难生之一。有一次，在上完课、我们聊天之际，他高

---

[1] 李晓春.教师要学会倾听[N].教育文摘周报，2008-4-30.

兴地说："老师，以前我听写词语几乎都是错的，没几个对的，现在大部分都能写对。"说话间我能感觉到他期待我对他的肯定。"是的，我也发现了你的进步，我还在想是什么原因会有这么大的进步？"他迫不及待地说："在老师听写之前，我先找其他同学听写，错的一一订正，还要记一记，记得差不多了，再到老师这里来听写。"听完他的这番话，我非常感动，这是多么美妙的话语，又是多么欣慰的话语。作为老师听到这番话是对我最大的鼓励。这番话至今回荡在我的耳畔，眼前还能浮现出他腼腆而高兴的样子，令我欣慰。现在次仁顿珠依然是那么的努力，可喜的是他一直在进步，从我班三名后进生中脱颖而出。倾听就是最好的沟通，也是对学生最好的鼓励。

课余，老师忙着改作业、备课，常常错失了与学生交流的良机。如果我们放下架子融入到学生中，多倾听他们内心的话，倾听他们的爱好，多了解他们的喜怒哀乐，就会拉近与孩子之间的距离，给我们的教学工作带来很多方便。

总之，一个善于有效倾听的教师，可以向学生传递尊重与鼓励，创造和谐、民主的课堂氛围；可以运用智慧正确判断出学生对知识的掌握程度，对症下药，真正地达到预期的课堂教学效果；可以播撒爱心，用爱理解，用爱沟通，最终实现教学相长，其教师形象亦随之更加美丽。

学以致用

1. 结合本章所讲内容，试对案例6-1、6-2、6-3写出分析报告。

2. 请你分析并评论这位教师对体态语的使用存在哪些不得体的地方？假如是你，你该如何处理？

在一次数学课上，正在讲解的教师看见班上的一个后进生伏在桌子上睡觉。这位教师心中很不高兴，直接用手指指名道姓地叫学生的名字并请他站起来，但这位学生根本没反应。教师怒火中烧，快步走到学生面前并在桌子上猛拍一下，学生吓得一下子惊醒过来，略带惊恐而又不知所措地呆望着怒目圆睁的老师，惹得全班同学哄堂大笑。

参考文献

著作部分：

1.魏江、严进等.管理沟通：成功管理的基石[M].北京：机械工业出版社，2006.

2.唐思群、屠荣生.师生沟通的艺术[M].北京：教育科学出版社，2001.

3.丹尼斯·麦李尔、斯义·温德尔.大众传媒模式论[M].上海：上海译文出版社，1997.

4.全国八校院校社会心理学教程编写组.社会心理教程[M].兰州：兰州大学出版社．1986.

5.曲振围.当代教育学[M].北京：清华大学出版社，2006.

6.肖川.教育的理想与信念[M].湖南长沙：岳麓书社，2005.

7.冷晓红.人际沟通[M].北京：人民卫生出版社：2006.

8.吴清山等.班级经营[M].台北：台湾心理出版有限公司，1990.

9.慧生等.教学论[M].石家庄：河北教育出版社，1996.

10.施良方等主编.教学理论：课堂教学的原理、策略与研究[M].上海：华东师范大学出版社，1999.

11.陈时见.课堂管理论[M].桂林：广西师范大学出版社，2002.

12.李文芳、赵艳红、孙燕.教师语言艺术[M].北京：中国文联出版社，2002.

13.涂光辉、雷晓波.班主任工作技能[M].长沙：湖南师范大学出版社，2000.

14.马显彬.教师语言学教程[M].广州：中山大学出版社，2000.

15.JohnsenLV，BanyMA.Classroom Management[M].New York：Macmillan，1970.

16.Good C V.Dictionary of Education[M].New York：McGramhill Book Company，1973.

论文部分

1.肖宁.浅谈批评学生的艺术[J].当代教育论坛，2003(05)：80.

2.宋坤强、张叔东.试析批评教育的局限性[J].山东教育科研，2000(03)：57－58.

3.王化泉.捕捉最佳时机，提高教育效果[J].班主任，1999(04).

4.王淑杰.班主任与家长沟通的艺术[J].中华少年，2012(03)：103.

5.崔峰.教师的三种人际关系[J].班主任之友，2008(02)：39.

6.陈永华、吴雪青.提高师生沟通有效性的策略[J].平原大学学报，2008(06)：96.

7.刘兰玲.教师口语艺术探究[J].白城师范学院学报，2006(02)：93.

8.李政涛.倾听着的教育——论教师对学生的倾听[J].教育理论与实践，2001(07)：1.

9.冯新芝.倾听——教师教学的一门艺术[J].现代教育科学，2003(05)：36.

10.周玲.让教师的倾听行走于课堂[J].语文建设，2009(09)：39.

11.邓术新.课堂中教师体态用语综述[J].教育理论研究，2007(06)：10.

12.李卿慧．肢体语言在教学中的应用[J].西安邮电学院学报，2007(11)：140.